U0941279

Sunshine Chinese Teachers' Guidebook 4

阳光汉语教师手册 4

主　编：〔美〕刘　骏
（Jun Liu）

编　者：魏慧萍　耿子怡

2020年・北京

图书在版编目(CIP)数据

阳光汉语教师手册. 4 / (美) 刘骏主编;魏慧萍,耿子怡编. —北京:商务印书馆,2020
(阳光汉语系列教材)
ISBN 978-7-100-18244-7

Ⅰ. ①阳… Ⅱ. ①刘…②魏…③耿… Ⅲ. ①汉语—对外汉语教学—教学参考资料 Ⅳ. ①H195.4

中国版本图书馆 CIP 数据核字(2020)第 049622 号

阳光汉语教师手册·4
〔美〕刘 骏 主编
魏慧萍 耿子怡 编

商 务 印 书 馆 出 版
(北京王府井大街 36 号 邮政编码 100710)
商 务 印 书 馆 发 行
北京中科印刷有限公司印刷
ISBN 978-7-100-18244-7

2020 年 6 月第 1 版　　开本 787×1092 1/16
2020 年 6 月北京第 1 次印刷　　印张 10¾
定价:58.00 元

前　言

我们知道有两个关键因素影响外语学习。一个是环境因素。如果学习者置身于目的语文化环境之中，他们不但能够掌握所学的目的语，而且还能够在各种情况下得体、自如地运用所学的语言，这是语言的社会功能所决定的。一个是学习者的年龄因素，它独立于语言环境。我们普遍认为，学习者越早习得一种外语，取得的学习效果就越好。许多关于儿童学习外语的研究证明语言习得存在一个“关键期”。如果儿童在十三四岁以前开始学习一种外语，他们更能自然地习得目的语的发音和语调。而正确的发音和语调反过来也有助于他们学习词汇、使交流变得容易，并可提升他们的自信心。由此可见，儿童的早期外语教育极为重要。

在对儿童早期外语教育的实践中，有许多成功的案例，比如加拿大的早期沉浸式课程，美国很多小学的双语课程等。但是却很少有汉语作为儿童，特别是幼儿所学的外语的成功范例。除了缺少足够的师资、有效的教学法和完善的课程设置外，一个主要原因是缺少充满乐趣、易学，且易于评估的适合于儿童特点的学习材料。

研发上述适合儿童的国际汉语课本一直是我的一个愿望。作为孔子学院总部 / 国家汉办的高级顾问，我参与了中小学生汉语考试（YCT）的研发工作。YCT 遵循“考教结合”“轻松、活泼、有趣”的原则，考试设计与目前国际中小学生使用的教材和学习水平紧密结合。2009 年底 YCT 大纲正式出版，于是我便萌生了专门为非汉语国家中小学生研发一套与 YCT 相配套的、活泼有趣的汉语教材的想法。2010 年，我与商务印书馆周洪波总编辑商议共同研发以《阳光汉语》为名的汉语系列教材，并于同年启动该研发项目。《阳光汉语》系列教材首次尝试以 YCT 大纲对词汇、语法、语言功能的要求为纲，以此为教材划定一个相对合理科学的难度范畴，这样做不但可以提高学习者的汉语综合运用能力，还可以帮助学习者进行自我评估，并且可以为教师了解学习者的学习成果提供反馈。

《阳光汉语》系列教材有如下特点：

一、编写理念

教材以培养学习者的汉语交际能力为核心，并以培养学习者学习汉语的兴趣为导向，倡导在故事中学习汉语与中国文化，在游戏中操练汉语的教学理念。

二、编写原则

1.“考教结合”的原则

（1）教材将 YCT 与语言学习巧妙地结合起来。教材以 YCT 大纲对词汇、语法、语言功能的要求作为教材编写的依据，依据 YCT 大纲的四个等级分别编写四个级别的课本，并且实现了 YCT 词汇、语言点的全覆盖。

（2）为了便于学习者适应 YCT，教材测试题的题型与 YCT 题型一致。

2. 寓教于乐的原则

（1）教材依据儿童的认知心理特点和第二语言习得规律，通过故事将语言学习的系统性与趣味性巧妙地结合起来。

教材将 YCT 大纲中所要求的词汇、语言点、语言功能自然地融入一个个有趣的故事中，使学习者在轻松愉快的氛围中感知汉语、学习汉语，并且随着故事的发展循序渐进地提高汉语能力。

全套教材四个级别共由 48 个彼此独立而内部关联的小故事组成。每个级别分别有 12 单元，而一个单元就是一个故事。故事的主线围绕着来自中国、韩国、美国、澳大利亚不同国家的四个孩子在北京的生活展开。他们在北京的“阳光国际学校”相识，在这个多元文化的国际学校中他们成为了好朋友，共同学习、交流、成长。这些故事贴近中小学生的生活，不但可以激发学生学习汉语的兴趣，而且在故事所展现的不同情境中可以让学生体会语言的实际运用，从而学会运用汉语进行交际。

在编写故事时，我们注重词汇、句型的复现，同时还适当地运用跳跃性思维，加入“出乎意料”的小幽默，增强了语言学习的趣味性。

（2）教材通过故事为学习者营造汉语文化体验的环境和氛围。

教材每个级别的故事分别发生在“国际学校”“中外家庭环境”“北京社区公园”等生活场景中，而中国文化元素则在这些生活场景中自然地呈现，学习者在学习汉语的同时也在体验着中国文化。

三、教材简介

《阳光汉语》系列教材是一套专为非汉语国家中小学汉语学习者及要参加 YCT 的学生而编写的汉语教材。

全套教材共 12 册，分为四个等级，每个等级分别对应 YCT 的一级、二级、三级、四级。每个等级有学生用书 A、B 两册和配套的教师用书一册。《活动手册》附在每本学生用书的后面。

《阳光汉语》系列教材历经数载，虽路途坎坷，但在团队全体成员的共同努力下终得以全部完成。它是团队集体智慧与汗水的结晶。作为本系列教材的主编，我首先要衷心感谢商务印书馆周洪波总编辑一直以来给予编写团队的大力支持与指导。在此我也非常感谢《阳光汉语》系列教材的全体编者，她们是：王秀卿、易文、魏慧萍、张燕岚、赵延风、耿子怡。她们都有丰富的中小学汉语教材编写经验与海外教学经验。在编写中她们一遍又一遍地修改，从而使书中人物日渐成长，而她们的信心、工作热情与努力也随之日渐增强，从而使这套教材最终圆满完成。

作为世界汉语教学学会的副会长、美国纽约石溪大学副校长和副教务长、前美国佐治亚州立大学副教务长、前美国亚利桑那大学孔子学院院长，我目睹了这些年来海外中小学汉语课程的蓬勃发展，并一直亲身参与着国际汉语教学事业的建设与发展工作。我希望这套系列教材能得到海外中小学学习者的喜爱，并希望它能伴随着他们的成长，帮助他们提高汉语能力、了解中国文化，为将来建设一个美好的世界打下良好的基础。我也希望使用本系列教材的师生能将使用的意见和建议反馈给我们，以便我们进一步完善，使它成为汉语学习者的好向导。

刘　骏

目 录

使用说明

为了使广大教师在阅读和使用《阳光汉语课本 4》时更加便利，我们精心编写了这本教师手册，希望能给教师在备课过程中和课堂使用时提供参考，帮助大家在充分了解本册教材的教学目标、教学步骤、教学重点和难点、教学活动等内容的基础上有的放矢，灵活运用《阳光汉语课本 4》和配套的《活动手册》。

《阳光汉语教师手册 4》列出了每个单元的教学目标和教学重难点，并提供了一些常用的课堂活动方式和测试题目。总的来说，《阳光汉语课本 4》中 12 个单元的 12 个小故事前后连贯，各有衔接。在故事场景的设置上，课本十分注重学生和学生的交流以及教师与学生的交流。教师可根据以上这些把课文与教学情境相融合，设计采用交互式和情境代入式的讲练方法和课堂活动。具体来说，本册教师手册每个单元的内容分为如下六个部分：

一、课文背景

每个单元的开始，我们都提供了本课课文的大致背景，帮助教师了解课文中的故事设定，通过课文背景引入本课的话题，并以此帮助学生有意识或潜意识地浸入本课主题。

二、教学目标

教学目标部分从生词、语法、汉字和文化知识等几个方面列出以上各项所要达到的目标。其中生词部分按照词类列出了本课的生词，方便教师教学。生词后括号里的数字，表示该词在 2016 年新版 YCT 大纲里的级数。没有特别标注的均为四级词。“外”表示纲外，“内”表示“纲内”，如果一个词的构成语素是 YCT 大纲所要求的词汇，那么这个词我们也算作 YCT 大纲内的词汇。比如：“每”和“天”是 YCT 大纲内的词汇，那么，“每天”我们也算作 YCT 大纲内的词汇。语法部分结合本课需要重点训练的语言功能，列出了需要讲解和练习的语言点，包括词的用法、句型、句式和句类。生词部分重点选取在当前学习阶段需要认读和书写的汉字。文化知识部分则提供了和本课内容最为相关的文化知识点，为教师在语言课中的文化教学提供参考。

三、教学步骤

教学步骤由教学内容导入、生词讲练、课文和语法讲练、交际与综合运用、写汉字这五个环节组成。《阳光汉语课本 4》配有配套的《活动手册》，因此在《教师手册》的各个教学步骤中，我们也提供了结合使用《活动手册》的方法，在相应的推荐使用《活动手册》的课堂活动之后也提供了《活动手册》的具体页码，帮助教师把课堂教学和教材教辅的使用有效结合。此外，在各环节的课堂活动方法中，我们还为教师提供了一些针对课堂教学活动中遇到的一些常见问题的应对策略，如具体课堂活动的变化形式、需要考虑的问题、学生的分组方法、奖励方式、鼓励学生回答问题的策略、唤起与集中学生注意力的方法等等，帮助教师在教学中预知问题、解决问题。

1. 教学内容导入

导入环节为教师提供了通过提问导入、通过本课介绍导入和情境设置导入等一些导入新课的方法。例如，在使用本课介绍的导入方法时，可先简要介绍本课学习任务及课文故事，以便学生在学习新课前明确需要完成什么学习任务，并对所要学习的课文故事有大概的了解。课文故事简介的最后可向学生提出一些问题，而这些问题需要学生学习完课文后才能回答，这不但可以激发学生学习的兴趣，还可以引导学生主动学习课文。对于不同的导入方法，教师可以根据具体情况灵活选择，或在 12 个单元中变换使用不同的导入方法，提高课堂教学的多样性和趣味性。

2. 生词讲练

生词讲练的环节主要帮助教师在读生词、熟悉与记忆生词、讲练生词和巩固生词等四个方面能够有“法”可依，并提供了一些生词讲练时常用的课堂活动和游戏的方法，如词卡游戏、猜词游戏、抢牌游戏等。

3. 课文和语法讲练

课文和语法讲练环节包括朗读课文、帮助学生初步了解课文故事、讲练课文中的语言点、检查对课文的理解及复习本课词汇和语言点。这一部分也提供了诸多与本单元语言点相配的讲练方法、课堂活动和相对应的《活动手册》页码。语法部分的各种活动按照导入语言点、帮助学生理解与初步掌握语言点的用法、帮助学生进一步掌握语言点、帮助学生巩固语言点、语言点的交际性练习的顺序进行，由浅入深、循序渐进，便于教师把握教学。

4. 交际与综合运用

交际与综合运用环节是本课语言功能的交际性练习，旨在培养学生在掌握了本课生词、语法的基础上，在模拟 / 真实的交际场景中运用汉语进行交际的能力。

5. 写汉字

写汉字环节旨在为教师提供一些讲解、活动和操练等不同方法，帮助和引导学生有效认读和书写本课目标中要求掌握的常用汉字。

6.《活动手册》参考答案

课后题有了参考答案，对老师的教学、学生的提高有确切的指导意义。

四、教学重点和难点

教学重点和难点主要包括重点讲练词汇和语法。在需要重点讲练的词汇方面，我们对重点生词进行解释、扩展，并给出运用的例句供教师参考。而重点语法则对课文中的语言点的用法进行解析，并给出运用的例句供教师参考。

五、文化知识

此环节提供与课文故事相关的中国文化小贴士，以帮助学习和了解相关的中国文化知识，培养学生跨文化交际的意识和技能。

六、一课一测

一课一测是每一课结束时给学生做的测试题。题型是仿照 YCT 的题型设计的，可以帮助想参加 YCT 的学生熟悉该考试，为将来的 YCT 做准备。测试题后还附上了参考答案，方便教师使用。

以上是对《阳光汉语教师手册 4》使用方法的一些说明和建议，仅供参考。教师在实际的课堂教学中可根据需要进行调整、灵活使用。

《阳光汉语课本 4》总览

题目	话题	功能	语法
第一课 认识一下	自我介绍	介绍自己并询问他人的姓名、年龄、国籍；解释自己名字的涵义	副词"先"，动词＋一下，"虽然……但是……"
第二课 喜欢运动，讨厌考试	个人喜好	介绍和讨论课余爱好	"不但……而且……""和……一样"，另外
第三课 小马虎汤姆	人物性格特点	描述人物性格和相关事件	助词"着"（状态持续），助词"呢"（询问位置），"除了……都……"
第四课 上北下南，左西右东	方向与方位	描述不同国家的方位和季节	"从……到……"，副词"一直","向……走""关于……"
第五课 既方便又便宜	交通方式	描述如何通过不同交通方式到达目的地	"既……又……"，形容词＋一点儿，比较：A 没有 B……，选择疑问句
第六课 月亮就是我的心	中秋节和赏月	叙述中秋节计划、描述风景和想象	连动句，"一边……一边……"，副词"多么"
第七课 互相帮助	学习和考试	请求帮助、说明事件顺序	副词"正在"，"先……然后……"，兼语句 1
第八课 猜字游戏	游戏与 汉字结构	描述事实、赞扬别人、发布指令	助词"着"（存现句），正反疑问句，把字句
第九课 教室的窗户被打破了	校园意外事件	说明情况、推测事件经过	被动句，"如果……那么……"，副词"大概"
第十课 不怕慢，就怕站	健康与锻炼	谈论生活习惯，叙述事件过程	"无论……都……"，动词重叠，必须
第十一课 爸爸请客	饮食	描述食物、谈论计划	"多……少……"，为了，兼语句 2
第十二课 不会忘记你	送别	表达感受与心情	"不再……了""越来越……""对……感兴趣"

第一课　认识一下

一　课文背景　Text Background

本课的几位主人公在前三册中已经出现过，进入新学年，来了一位新老师，大家要再互相认识一下。

二　教学目标　Lesson Objectives

1. 学会与介绍自己和询问他人有关的词语

名词：大家、宝贝（外）、上海（外）、汤、男生

动词：姓、教、介绍、希望、忘记

数量词：俩、一下、一半（内）

语气词：哈（外）

副词：先

连词：虽然

2. 能够使用学过的词语和如下语法项目介绍和询问“名字、国籍、年龄”，并对自己的汉语名字进行简单的解释

（1）先　（2）V 一下　（3）虽然……但是……

3. 学会汉字：田　男　女　姓　汤　俩

4. 了解文化知识：中国人的姓名

三　教学步骤与活动建议　Suggested Teaching Process & Activities

（一）教学内容导入（可参考如下方法导入）

1. 通过自我介绍导入

如果是第一次和学生见面，可以直接通过自我介绍导入课文。如果学生不懂，可

以说得慢一些，并重复几次。一边说，一边把说到的重点句式写在黑板上。如："大家好，我们认识一下。我姓……，我叫……，很高兴认识大家。"然后依次请学生介绍自己的姓名、年龄、国籍等。帮助学生综合使用前三册学过的介绍个人的句式。

2. 通过介绍本课学习任务导入

向学生阐明本课的学习任务，尤其是交际任务。

3. 通过视频短片导入

可借用视频短片来导入，如：影视剧或朋友聚会视频中自我介绍的片段等，以此展现不同场合中的自我介绍，从而丰富主题。使用视频导入，要注意教学过程的呼应。在目标词汇和句式讲解之后，可以让学生重复看这些视频，加深印象，强化对目标语言点的理解。

（二）生词讲练

1. 领读生词

第一遍只读生词，第二遍和第三遍可以增加领读环节，将生词扩展成课文中的短语或句子，并注意纠正学生发音。

2. 词卡游戏

用卡片和图片带学生熟悉和练习生词（可参考附录《课堂活动方法》"词语的练习方法"中"图片 / 卡片法"）。

3. 抢牌游戏

先把生词做成扑克牌大小的卡片，正面写拼音，反面写汉字；把学生分成两个组，围成圆圈。所有的牌都拼音朝上，放在桌上或地上。教师说出某个生词，快速找到的人可以赢得卡片，拿到卡片最多的人或队获胜（方法见附录《课堂活动方法》）。

此活动也可以把所有牌写有汉字的一面朝上，教师还可以把牌面内容设计成汉语词所对应的英文词义，由此可以进行主旨不同的抢牌游戏。

4. 猜词游戏

全班分两组，每组各选一名学生到前面，背对黑板，面向其他学生。老师在黑板上写一个生词，本组同学用解释或造句等各种方法，提示前面的同学，使他猜出老师写的生词。猜对的人得分，得分多的队获胜（方法见附录《课堂活动方法》）。

5. 看看连连（1） 《活动手册》第 64 页

把本课所学的生词和图片中相应的情景连起来，熟悉生词的意义和用法。

6. 看看粘粘 《活动手册》第 64 页

根据英文翻译在合适的位置粘上本课生词，熟悉和巩固生词的意思。

（三）课文和语法讲练

1. 领读课文，注意纠正学生发音和语调，帮助学生理解课文故事。

2. 边听边看，让学生一边看课本上的图画，一边听录音。

3. 分角色朗读，帮助学生完全理解课文内容。

4. 表演、复述课文，帮助学生熟悉课文内容。教师可给予提示，如“Tom 的同学们都有谁？他们今年多大？田老师是哪里人？”等。

教学提示　教师可让学生先分组讨论，然后选择一名小组代表以第三人称复述课文主要内容。

5. 新朋友 《活动手册》第 65 页

根据课文，把 Tom 的老师、同学们的个人信息填到卡片中，帮助学生熟悉课文，掌握提取主要信息的能力。

教学提示　教师还可以根据情况对这个活动进行扩展。比如，可以让每个学生自行选择班上的三位同学，询问他们的个人信息，填到卡片里。填写之后，还可以让学生在班上介绍自己采访的同学。

6. 听问题，选答案 《活动手册》第 66 页

熟悉课文对话，掌握询问别人姓名、年龄、国籍的方法。

7. 看看连连（2） 《活动手册》第 66 页

把所给句子和相对应的情景连起来，熟悉本课常用句子使用的语境。

8. 谁先做？ 《活动手册》第 67 页

熟悉和练习“某人 + 先 + 动词”的用法。

教学提示　在做此练习时，教师还可以通过图片向学生介绍在中国长辈与晚辈互敬礼让的传统。

9. 情境对比

帮助学生理解“动词 + 一下”的意义和用法。

可以通过动作、口气、情境，让学生理解 V 加"一下"后的变化。如：教师走到学生面前，直接拿过学生的书，语气有点儿生硬地说："我看这本书！"然后再用很温和的口气说："我看一下这本书。"学生初步理解后，可利用图片或教室环境创设情境，鼓励学生用学过的动词创造出带有"V 一下"的短语和句子。如"写一下这个字""听一下这首歌""找一下这个人"等。

10. 看看写写 《活动手册》第 68 页

根据图片在"一下"之前填写相应的动词，练习和熟悉"动词 + 一下"在情景和句子中的用法。

11. 句子配对

练习和熟悉"虽然……但是……"的用法。

可事先准备一些带有"虽然……但是……"的句子，并把句子拆分成 A 组（虽然……）和 B 组（但是……）。句子参考如下：

A 组	B 组
虽然下雨了，	但是我还要去上课。
虽然我是中国人，	但是我喜欢吃美国菜。
虽然她是日本人，	但是她写汉字写得很好。
虽然爷爷是美国人，	但是他很喜欢中国。
虽然我学过汉语，	但是我忘记了。

同时，准备一些纸条，一张纸条上写一个分句。上课时让学生每人抽取一张纸条，在教室里走动，找出与自己手中纸条匹配的分句。比如，一个学生拿到了"虽然下雨了"的纸条，那么他需要找到另一位拿到"但是我还要去上课"纸条的同学。所有学生找到配对的上句或下句后，请学生依次把正确的句子读出来。活动过程中教师可给予帮助。

这个活动还可以分组的形式来进行。可以将学生分为几组，把事先准备几组写有相同句子的纸条分别发给各组同学。最快把所有句子拼完的组获胜。

12. 看图写句子 《活动手册》第 69 页

根据图片和所给词语重新编排句子，巩固"虽然……但是……"的使用情境和用法。

（四）交际与综合运用

1. 给词换句

通过以下方法强化练习重点句型和会话，训练学生的会话能力，如：

你叫什么名字？

我姓……，叫……

你是哪国人？

我是……国人。

你今年多大了？

我今年……岁了。

我先介绍一下……

全班分两组，老师把重要的句型写在黑板上或卡片上，把可替换的部分画出来，老师把可用来替换的词做成卡片，分别交给两个组的学生。第一组的第一个学生出词，要求第二组第一个学生套用黑板上的句型换句；然后第二组第二个学生出词，第一组第二个学生作答。依次进行，答错或停顿的一组失败。

2. 自我介绍 《活动手册》第70页

根据例子制作个人卡片，选取同学做自我介绍。

教学提示

可充分利用这个练习的卡片进行班级活动。如：把全班学生的卡片放在一起，请一位同学随机抽取两张，为这两位同学做介绍。或三人一组，参考课文编写小对话并进行表演。

（五）写汉字 《活动手册》第71页

还可通过以下方法帮助学生建立对汉字的亲近感，提高读写能力。

1. 偏旁猜字

本课着重注意“氵”和“女”字旁。可以列出一些带有这两个偏旁的汉字，如“江、河、海、洋、好、妈、娘、妙、姑”等，让学生认读并猜测字义。

2. 组字游戏

如“田”“力”为“男”，“女”“生”为“姓”。

3. 认认写写

可准备一些图片，带领学生认读、抄写图中的汉字。建议用真实版“男、女洗手间”“男装、女装”等指示牌拍照或选取图片。

（六）《活动手册》参考答案

看看连连

汤　　男生

一半　　大家

忘记　　上海

　　介绍

看看粘粘

按照从左到右，从上到下的顺序对应的文字依次是：

姓　　教

先　　希望　　宝贝

虽然　　俩

新朋友

（答案仅供参考，可与答案不同。）

Name 汤姆	Name 王贝贝	Name 林达
Gender 男	Gender 男	Gender 女
Age 11	Age 11	Age 12
Nationality 美国	Nationality 中国	Nationality 澳大利亚

听问题，选答案

2. 我姓王，叫王贝贝。
3. 我今年 11 岁。
1. 我是澳大利亚人。

看看连连

汤姆不爱喝汤。　　我先说一下。

田老师教我们汉语。　　我是一半美国人，一半中国人。

　　我比他俩大一岁。

谁先做？

谁先吃？妈妈先吃。

谁先走？爷爷先走。

谁先下？小狗 Bobbi 先下。

谁先唱？田老师先唱。

谁先介绍？贝贝先介绍。

看看写写

我看一下。

我听一下。

我休息一下。

我用一下。

看图写句子

虽然我是美国人，但是我妈妈是中国人。

虽然她比我大，但是我比她高。

虽然汤姆是美国人，但是他的汉语很好。

虽然这个词我学过，但是我忘记了。

虽然她认识我，但是她忘记了我的名字。

四 教学难点和重点 Difficulty Points

1. 虽然……但是……

关联词语“虽然……但是……”用于连接表达转折关系的复句。用“虽然”起始的分句放在前面，提出某种事实或情况，后面用“但是”的分句转而述说与前面分句相反或相对的意思。一般来说，后面的分句是说话人所要表达的真实意图。例如：

虽然天气很好，但是我不想出门。

虽然他是韩国人，但是他汉语很好。

2.V+ 一下：

在口语中，“动词 + 一下”这个格式常用来表示所描述动作的轻松随意、时间短、次数少，或表示说话人语气的和缓、礼貌。如：

我去一下。

请您看一下。

我先介绍一下。

教学提示

有些动词由于缺少时间上具体可感的延续性，应该被排除。如可以说“想一下”，但不可以说“希望一下”；有的双音节动词只能用前一个语素进入这个结构，如可以说“睡一下”，不可以说“睡觉一下”等。

五 文化知识 Culture Highlights

中国人的姓名

中国人的姓名分“姓”和“名”两部分，都是姓在前，名在后。“姓”大部分是一个字，也有两个字的。“名”有一个字，也有两个字的。中国人的名字往往有一定的含义，表示一定的愿望。有的名字包含着出生时的地点、时间或自然现象，如“京、晨、冬、雪”等。有的名字表示希望具有某种美德，如“忠、义、礼、信”等。有的名字表示希望健康、长寿、幸福，如“健、寿、松、福”等。男人的名字和女人的名字也不一样，男人的名字多用表示威武勇猛的字，如“虎、龙、雄、伟、刚、强”等。女人的名字常用表示温柔美丽的字，如“凤、花、玉、彩、娟、静”等。相同发音的姓名，因为汉字不同，会有不同的含义，因此，中国人在介绍自己名字的时候，一般会说明究竟是哪一个汉字。

教学提示

本课的文化讲解最好结合具体姓名来进行。如教师本人的姓名、亲朋好友的姓名等。延伸活动可以让学生调查某个中国名人的姓名，然后进行讨论，说明他们所发现的姓名含义。也可以让学生针对自己的汉字姓名进行讨论。

六 一课一测 Assessment

（一）听力 Listening

听句子，选择正确的图片。

1. A  （　） B  （　）

2. A 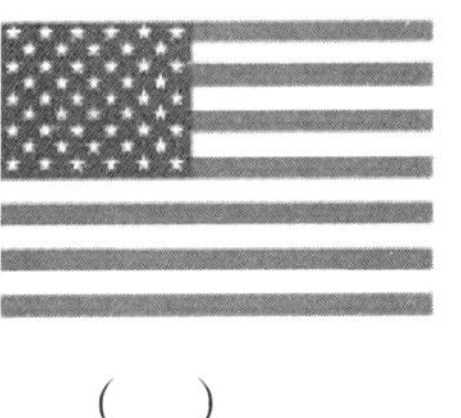 （　） B  （　）

3. A  （　） B  （　）

（二）阅读 Reading

选择和图对应的句子。

1. 

A 我看一下，好吗？
B 谁先说一下？
C 我们认识一下。

2. 

A 我教你汉语。
B 你是个男生。
C 宝贝，你喝汤吗？

3. 

A 认识你很高兴。
B 对不起，我忘记了。
C 希望我们做好朋友。

（三）书写 Writing

1. 排序成句。

（1）先　谁　一下　说？

____________________________？

（2）教　田老师　汉语　大家。

____________________________。

2. 句中填字。

（1）我们老师（　）田。

（2）他（　）都是 11 岁。

（四）会话 Speaking

1. 两人一组，询问对方的名字、国籍、年龄等。

2. 在小组中做自我介绍，并对自己的汉字名字进行简单的解释。

“一课一测”参考答案

（一）听力

1.B　2.A　3.A

听力材料：

1. 一个女孩自我介绍。

2. 这是美国的国旗。

3. 男孩子高，女孩子矮。

（二）阅读

1.A　2.C　3.B

（三）书写

1. 排序成句。

（1）谁先说一下？

（2）田老师教大家汉语。

2. 句中填字。

（1）姓

（2）俩

第二课　喜欢运动，讨厌考试

一　课文背景　Text Background

老师和同学们去植物园郊游，坐在草地上，一起谈论每个人平时喜欢的和讨厌的事情。

二　教学目标　Lesson Objectives

1. 学会与课余爱好相关的词语

名词：平时（外）、每天（内）、排球、乒乓球、网球、游戏、女生（内）、汉字（内）、作业（3）、办法

动词：考试、讨厌、猜、打球、骑马、读书（内）、弹钢琴、聊天儿、打扫、练习、变成（外）

形容词：聪明、一样

连词：另外、不但……而且……

2. 掌握如下语言点，谈论自己的喜好：

（1）不但……而且……　　（2）和……一样　　（3）另外

3. 学会汉字：打　球　汉　字　马　明

4. 了解文化知识：中国小学生的课外兴趣班

三　教学步骤与活动建议　Suggested Teaching Process & Activities

（一）教学内容导入（可参考如下方法导入）

1. 通过提问导入

可以通过询问学生的爱好，用聊天儿的方式导入课文。一边和学生对话，一边把说到的重点句型写在黑板上。如：“你们平时喜欢做什么？”然后依次请学生介绍自

己喜欢的和讨厌的事情，把学生说到的重点词汇写在黑板上。

> 学生介绍的过程中，可能出现目标词汇，也可能出现目标词汇范围之外的词汇，建议分栏板书，重点掌握目标词汇，其他拓展词汇能够理解词义即可。还可以利用图片引出目标词汇，有效进行课堂词汇教学。如“骑马、弹钢琴、打网球、聊天儿”等词语都很适合用图片辅助导入。

2. 通过介绍本课学习任务导入

向学生阐明本课的学习任务，尤其是交际任务。

（二）生词讲练

1. 领读生词

第一遍只读生词，第二遍和第三遍可以增加一个领读环节，将生词扩展成课文中的短语或句子，并注意纠正学生发音。

2. 词卡游戏

用卡片和图片带学生熟悉和练习生词（可参考附录《课堂活动方法》“词语的练习方法”中“图片 / 卡片法”）。

3. 抢牌游戏

先把生词做成扑克牌大小的卡片，一面写拼音，一面写汉字；把学生分成两个组，围成圆圈。所有的牌都拼音朝上，放在桌上或地上。教师或选一位同学，说出某个生词，快速找到的人可以赢得卡片，拿到卡片最多的人或队获胜（方法见附录《课堂活动方法》）。

4. 猜词游戏

全班分两组，每组各选一名学生到前面，背对黑板，面向其他学生。教师在黑板上写一个生词，本组同学用解释或造句等各种方法，提示前面的同学，使他猜出老师写的生词。猜对的人得分，得分多的队获胜（方法见附录《课堂活动方法》）。

5. 看看连连（1） 《活动手册》第 72 页

把所给生词和相对应的图片连起来，练习和熟悉有关课外活动的生词。

6. 看看连连（2） 《活动手册》第 73 页

把所给生词和相对应的图片连起来，练习和熟悉表示球类运动的生词。

在做看看连连活动时，教师可以朗读生词，让学生边听边连线，熟悉生词的发音。

7. 读读连连 《活动手册》第 74 页

把生词的中文和英文连起来，熟悉生词的意义。

8. 听句子，连一连 《活动手册》第 75 页

把所给句子和相对应的图片连起来，熟悉和操练本课主要句式。

（三）课文和语法讲练

1. 领读课文，注意纠正学生发音和语调，帮助学生理解课文故事。

2. 边听边看，让学生一边看课本上的图画，一边听录音。

3. 分角色朗读，帮助学生完全理解课文内容。

4. 表演、复述课文，帮助学生熟悉课文内容。教师可给予提示，如“Tom 和他的同学们都喜欢什么？他们讨厌什么？”等。

5. 喜欢和讨厌 《活动手册》第 76 页

根据课文内容，把相应的生词、短语填入所给表格中，熟悉表达爱好的词语和短语。

6. 根据课文回答 《活动手册》第 77 页

根据课文内容补全句子，熟悉课文内容。

教学提示

在做这个活动时，教师还可以进行扩展，把课文中提到的所有的同学的爱好和不喜欢做的事情都给学生练习，参考题目如下：

贝贝喜欢什么？他喜欢 _________，讨厌 _________。

心爱讨厌什么？心爱讨厌 _________，喜欢 _________。

Linda 喜欢什么？讨厌什么？ Linda_______，_______。

和子 ________ 什么？她喜欢 ____________________。

做完句子练习之后，教师还可以用上述句子作为课文纲要，帮助学生进行复述练习。

7. 他和我一样

巩固本课所学有关爱好的词语，练习和熟悉“和……一样”在语境中的用法。

教师先要求学生根据自身情况，在纸上写出三个爱好，以及三件不喜欢做的事。教师可以把印有提示的练习纸发给学生，参考如下：

我喜欢……	我讨厌……
1.	1.
2.	2.
3.	3.

学生写完之后，教师把全班学生分为三至四人的小组，要求每组学生交流自己喜欢和讨厌的事，并找出大家的共同点，用“……和我一样，喜欢/讨厌……”说句子，如：“A和B一样，喜欢唱歌跳舞。”教师可以请每组代表和全班同学分享他们造的句子。

8. 别人的爱好

巩固本课所学有关爱好的词语，练习和熟悉“不但……而且……”在语境中的用法。

教师可让学生保留上一个活动中的练习纸（见“他和我一样”参考练习纸），请学生把自己完成的练习纸传给坐在右侧的同学（每排最后一个学生则传给该排第一位同学）。学生完成传递后，要根据别人喜欢和讨厌的事用“不但……而且……”说句子，如：“A不但喜欢唱歌，而且喜欢跳舞。”教师可在过程中予以纠错。

9. 看看说说 《活动手册》第78页

巩固练习“和……一样”和“不但……而且……”在句子和语境中的用法。

（四）交际与综合运用

1. 写写说说 《活动手册》第79页

强化练习重点句型和会话，练习学生自我表达喜欢和讨厌的事情的交际能力。

教师可要求学生先独自完成《活动手册》上的练习，然后把学生分成两到三人的小组，要求学生和组内成员交流自己所写的内容。学生可以根据自己的实际水平和交际能力，选择朗读自己完成的练习，或者不看《活动手册》向他人讲述自己的爱好。

2. 小采访 《活动手册》第79页

请学生采访自己旁边的三位同学，填写调查表，然后向大家介绍调查的情况，引导学生使用学过的句型，综合训练学生运用本课所学知识进行对话交际的能力。

在进行这个活动时，教师可以把学生分成小组，要求学生采访组内成员。或者，教师还可以在条件允许的情况下让学生离开座位，自行选择三位同学进行采访，然后和全班分享采访的成果，活跃课堂气氛。如要延伸活动，教师还可以让学生在班级中找到有相同喜好的人，看看哪一种爱好有最多的支持者。同样，也可以找出哪一种事物为最多的人所讨厌。

3. 唱一唱 《活动手册》第 81 页

这首歌曲可以让学生在娱乐中进一步巩固本课所学爱好的说法。

歌曲学唱和练唱过程中可以采用集体唱、男女生分组唱、二人唱、接力唱等灵活形式。学生熟练掌握歌词后可以用自己的真实爱好替换歌词内容。

（五）写汉字 《活动手册》第 80 页

教师还可以通过以下方法培养学生对汉字的亲切感，帮助学生提高汉字认读能力。

1. 偏旁猜字

本课着重注意“提手旁”和“马”字旁。可以列出“打、提、找、摸、驰、骆、驾、驶”等汉字。让学生尝试认读并猜测字义。

2. 组字游戏

如“日”“月”为“明”，“王”“求”为“球”。

3. 认认写写

准备 PPT 图片，带领学生认读、抄写图中的汉字。教师可以选用课外兴趣班的广告、标牌等，培养学生在真实场景中认读汉字的能力。

（六）《活动手册》参考答案

看看连连

聊天儿　　弹钢琴

打扫　　做游戏

打球　　骑马

读书

看看连连

篮球　　乒乓球　　足球

排球　　网球

读读连连

聪明　　作业　　讨厌

练习　　　　　　考试

猜　　　　　　　另外

听句子，连一连

按照图片从上到下的顺序对应的句子和序号依次是：

3. 我每天练习钢琴。

1. 我喜欢上网聊天儿。

5. 我讨厌打扫房间。

2. 我还喜欢骑马。

4. 我最喜欢唱歌。

喜欢和讨厌

	喜欢	讨厌
田老师	唱歌	
汤姆	打篮球、打排球、打乒乓球、踢足球	写汉字
贝贝	打球、读书、玩电脑游戏	打扫房间
林达	唱歌、跳舞、打网球	考试
李心爱	唱歌、跳舞、弹钢琴	练习钢琴
田中	读书、画画儿、上网聊天儿	写英语作业

根据课文回答

汤姆讨厌做什么？他讨厌写汉字。

看看说说

参考答案：

Tom 不但喜欢打篮球，而且喜欢打排球。另外，他还喜欢骑马。

1. 贝贝不但喜欢打球，而且喜欢读书。另外，他还喜欢玩电脑游戏。

2. 林达不但喜欢唱歌，而且喜欢跳舞。另外，她还喜欢打网球。

3. 李心爱不但喜欢唱歌，而且喜欢跳舞。另外，她还喜欢弹钢琴。

4. 田中不但喜欢读书，而且喜欢画画儿。另外，她还喜欢上网聊天儿。

和田老师一样，林达也喜欢唱歌。
5. 和汤姆一样，贝贝也喜欢打球。
6. 和林达一样，心爱也喜欢跳舞。
7. 和田中一样，贝贝也喜欢读书。
8. 和贝贝一样，汤姆也喜欢打球。

写写说说

我介绍一下，我叫汤姆。
今年11岁了。
我不但喜欢打篮球、打排球，而且喜欢打乒乓球、踢足球，
另外，还喜欢骑马，但是我讨厌写汉字。

四 教学难点和重点 Difficulty Points

1. 和……一样：

这个结构可以放在句前，也可以放在句中，课文中两种情况都出现了，要提醒学生注意这两种不同的语序，两种都可以说。如：

和汤姆一样，我也喜欢打球。
我和林达一样，也喜欢唱歌跳舞。

这个结构还有一个简单式，就是在“一样”的后面直接加上形容词。如：

她和我一样高。
林达和心爱一样漂亮。

“一样”的后面也可以出现表示否定的说法。如：

和他一样，我也不喜欢吃面条。
我和你一样，我也不喜欢看电视。

教学提示

练习活动中可以充分利用学生对共同喜好的关注度，鼓励学生发现和自己有共同爱好的人并用目标句型描述出来。

2. 不但……而且……

关联词语“不但……而且……”用于连接表示递进关系的复句，表示除了所说的意思之外，还有更进一层的意思。例如：

我不但喜欢打球，而且喜欢骑马。

他不但讨厌读书，而且讨厌考试。

五 文化知识 Culture Highlights

中国小学生的课外兴趣班

现在中国的小学生一般每天下午三点半或四点左右放学，大部分孩子放学后都会参加各种各样的课外兴趣班。周末也要去各种兴趣班学习。有的小学生周六和周日要去五六个兴趣班上课。兴趣班，就是培养孩子爱好的一种课外辅导班，包括：英语、数学、钢琴、舞蹈、篮球、棋类、书法等。有些家长望子成龙，给孩子报了太多的兴趣班，让孩子整天都在学习，没有玩耍的时间，孩子们压力很大。大部分孩子会参加一两个兴趣班，培养爱好和特长。

可以让学生们讨论自己如何培养爱好和特长？平时课外时间喜欢做什么？和中国小学生的情况进行比较。

六 一课一测 Assessment

（一）听力 Listening

听句子，判断图片的对（√）错（×）。

1. 

（ ）

2. 

（ ）

3. 

（ ）

4. 

（ ）

5. 

（ ）

（二）阅读 Reading

选择和图对应的句子。

1. 

A 她的汉语很差。
B 她不喜欢说英语。
C 她不但会英语，而且会汉语。

2. 

A 她们讨厌写英语作业。
B 我和林达一样，也喜欢读书。
C 我们都喜欢打篮球。

3. 

A 认识你很高兴。
B 对不起，我忘记了。
C 希望我们成为好朋友。

（三）书写 Writing

1. 排序成句。

（1）也　我　钢琴　喜欢　弹。

______________________________。

（2）他　一样　汤姆　和。

______________________________。

2. 句中填字。

（1）他平时喜欢（　）球。

（2）我很喜欢骑（　）。

（四）会话 Speaking

说说自己和家人的爱好。

"一课一测"参考答案

（一）听力

1. × 2. √ 3. √ 4. √ 5. ×

听力材料：

1. 一个男孩踢足球。

2. 一个女孩弹钢琴。

3. 老师夸孩子聪明猜对了。

4. 男孩子很痛苦地写作业。

5. 一个孩子在打扫房间。

（二）阅读

1.A 2.B 3.B

（三）书写

1. 排序成句。

（1）我也喜欢弹钢琴。

（2）他和汤姆一样。

2. 句中填字。

（1）打

（2）马

第三课　小马虎汤姆

一　课文背景　Text Background

本课介绍了有关汤姆的一些很有意思的事情。汤姆有时候做事情很粗心，所以被叫作“小马虎”。

二　教学目标　Lesson Objectives

1. 学会用于描述性格和事件的词语

名词：词典、钥匙、手表、眼镜、长城、护士、洗手间、电灯、空调、沙发、床（外）、条子（外）、超市

动词：脱、放、看到（内）、戴、记得、躺、离开

形容词：马虎、清楚、干净

副词：到处、经常、只要

指示代词：其他

介词：除了

助词：着

数量词：公里、公斤、斤、万

短语：多重

2. 掌握如下语言项目的用法

（1）着（状态持续）　　（2）呢（询问位置）

（3）到处　　（4）除了……都……

3. 学会汉字：看　手　眼　床　开　关

4. 了解文化知识：中国的度量单位

三 教学步骤与活动建议 Suggested Teaching Process & Activities

（一）教学内容导入（可参考如下方法导入）

1. 通过提问导入

可以拿一张“马”的图片和一张“虎”的图片，放在一起，引出“马虎”的故事。帮助学生准确理解“马虎”的词义，再问学生马虎的人经常会出现什么状况。如：“马虎的人经常……”引导学生说出“丢”“忘记”“看错”等词语，把说到的重点词语写在黑板上。

2. 通过介绍本课学习任务导入

向学生阐明本课的学习任务，尤其是交际任务。

3. 通过讲述中国古代故事导入

可以简要讲述关于“马虎”的故事，帮助学生理解词义。有这样一个故事：宋代有个画家，做事粗心大意。有一次他刚画好一个虎头，有人来请他画马。他就在虎头下面画上马的身体，并且说自己画的动物叫作“马虎”。别人都不要这样的画，他只好挂在自己家里。后来，他的大儿子在外面杀死了别人家的马，自己以为打死的是老虎。小儿子在树林里看到老虎，以为是马，跑过去骑马，结果被老虎咬死了。那个画家后悔极了，再也不敢马虎了。

学生掌握了“马虎”的词义后，可以拓展出“马马虎虎”这个短语，向学生说明二者的不同。“马马虎虎”除了表示“粗心大意”之外，还表示“一般、还可以”的意思，第二个用法和“马虎”不同。要注意区别。

（二）生词讲练

1. 领读生词

第一遍只读生词，第二遍和第三遍可以增加一个领读环节，将生词扩展成课文中的短语或句子，并注意纠正学生发音。

2. 词卡游戏

用卡片和图片带学生熟悉和练习生词（可参考附录《课堂活动方法》“词语的练习方法”中“图片 / 卡片法”）。

3. 抢牌游戏

先把生词做成扑克牌大小的卡片，一面写拼音，一面写汉字；把学生分成两个组，围成圆圈。所有的牌都拼音朝上，放在桌上或地上。教师说出某个生词，快速找到的人可以赢得卡片，拿到卡片最多的人或队获胜（方法见附录《课堂活动方法》）。

教学提示

此活动也可以把所有牌写有汉字的一面朝上，教师还可以把牌面内容设计成汉语词所对应的英文词义，由此可以进行主旨不同的抢牌游戏。

4. 猜词游戏

全班分两组，每组各选一名学生到前面，背对黑板，面向其他学生。教师在黑板上写一个生词，本组同学用解释或造句等各种方法，提示前面的同学，使他猜出老师写的生词。猜对的人得分，得分多的队获胜（方法见附录《课堂活动方法》）。

5. 看看贴贴 《活动手册》第 82 页

把所给生词贴到图片中相应的室内陈设、家具旁边，熟悉和练习本课生词。

教学提示

这个练习还可以由教师读生词，学生听生词，按听到的顺序，在图片对应的物品上标出数字，并且找到对应的汉字粘贴在物品旁边。

6. 看看连连 《活动手册》第 83 页

这个活动分为两部分：第一部分是把所给动词和图片连起来，掌握和熟悉动词的意义和使用的情境；第二部分是把所给中文、拼音和英文连起来，掌握生词的意义。

教学提示

与上一个活动类似，教师同样可以读生词，学生听生词，在词语下的括号内按听到的顺序标数字，同时找到合适的图画、英文翻译连线。

（三）课文和语法讲练

1. 领读课文，注意纠正学生发音和语调，帮助学生理解课文故事。

2. 边听边看，让学生一边看课本上的图画，一边听录音。

3. 分角色朗读，帮助学生完全理解课文内容。

4. 表演、复述课文，帮助学生熟悉课文内容。教师可给予提示，如“为什么说 Tom 马虎？ Tom 的妈妈让 Tom 做什么？他做了吗？为什么？”等。可以让学生先分组讨论，然后选择一名小组代表复述课文主要内容。

5. 听句子，连一连 《活动手册》第 84 页

教师读句子，要求学生把读到的句子和相对应的图片连起来，熟悉课文内容及本

课课文的场景和语境。

教学提示　　这个活动还可以作为阅读来练习，让学生看句子连线，训练认读汉字的能力。

6. 看问题，选答案 《活动手册》第 85 页

学生审题，或者教师读出问题后，让学生选出正确的答案粘贴在合适的位置。帮助学生进一步理解课文。

7. 找一找 《活动手册》第 86 页

根据图片和例句，写出物品的位置。练习和熟悉疑问词“呢”在句子中的用法，复习对物体位置的表达：“在……”

教学提示　　教师可以对这个活动进行拓展。可以事先准备一些学生学过的物品，带到课堂上来。上课前，把这些物品放在讲台的不同位置，注意尽量让所有学生都看得见。活动时，教师可以提问学生，如：“苹果呢？”引导学生做出正确回答，如：“在桌子上。”

8. 猜一猜

学生分组猜测物品的位置，练习和熟悉疑问词“呢”在句子中的用法，复习对物体位置的表达：“在……”

上课前，教师准备一些写有物品名称的卡片，卡片的套数要与计划要分的组数相同。上课时，把学生分成若干小组。每组的一名同学（学生 A）先向组内成员展示卡片内容，然后背对组员藏起卡片。藏好后，学生 A 提问其他组员，如“篮球呢？”，其他组员要猜测写有“篮球”的卡片被藏在哪里，并说句子，如“在椅子下边”。组内成员可轮换进行练习。

9. 说一说，画一画 《活动手册》第 87 页

把所给词语和短语填入句子空白处，组成语法正确语义合理的句子，并画出相应的场景。理解和掌握“……到处都是……”的意义和用法。

教学提示　　在做这个活动时，教师可以在幻灯片上展示一些人潮拥挤，或花团锦簇等可以用“到处都是”来形容的图片或照片，加深学生对这个语言点的理解和记忆。

10. 找不同

帮助学生理解和掌握“除了……都……”的意义和用法。

上课前，教师准备三至四张一套的卡片，每张写上一个短语或短句，每套有一张与其他几张不同。卡片参考如下：

第一套：喜欢打篮球　喜欢打篮球　喜欢打篮球　喜欢踢足球

第二套：讨厌考试　讨厌考试　讨厌考试　喜欢考试

第三套：上中学　上中学　上中学　上大学

第四套：说汉语　说汉语　说汉语　说英文

上课时，教师把学生分成三至四人的小组，每组随机发一套卡片。把卡片扣放在每组同学的桌子上，要求说“开始”之前不能翻开卡片。教师随后说“开始”，学生每人抽一张卡片，念出自己卡片上的内容，找出持有不同卡片的同学。拿着不同卡片的同学要说句子，如：“除了我之外，其他人都喜欢打篮球。”练习之后，各组可以交换卡片，重新抽取练习。

11. 看看说说 《活动手册》第 88 页

根据图片内容补全句子，巩固和复习“除了……都……”的意义和用法。

12. 看情景，说句子

帮助学生理解和掌握“动词 + 着”的意义和用法。

教师可以先用开门和关门导入“动词 + 着”的意义和用法。在上课时可以故意开一扇门、关一扇门，指着开着的门提问：“门开着吗？”引导学生做出正确回答：“门开着。”教师再指着关着的门提问：“门关着吗？”引导学生做出回答：“门关着。”帮助学生理解动作持续的意义。

之后，教师可以利用教室里的资源，如灯、电脑、空调等等引导学生正确使用“动词 + 着”表达持续进行的动作。

13. 找不同 《活动手册》第 88 页

找出所给两幅图片不同的地方，用“动词 + 着”补全句子。

（四）交际与综合运用

1. 看图讲故事 《活动手册》第 89 页

请学生根据图片讲述 Tom 的“马虎”故事，综合练习本课生词和语言点。

教师可拓展这个活动，请学生分享自己的“马虎”故事。讲故事活动可以用课后书面作业的方式布置，要求学生写出一个自己或别人的“马虎”故事，熟悉内容后，先分组讲述，各组评选出两则有趣的故事，参加全班的故事比赛，要求脱稿讲述。最后，评选出全班最有趣的“马虎”故事，故事讲述者可以得到教师颁发的纪念品。

2. 唱一唱 《活动手册》第 91 页

歌曲《小马虎》。

（五）写汉字 《活动手册》第 90 页

教师还可以通过以下方法帮助学生建立汉字的亲近感，提高读写能力。

1. 偏旁猜字

本课着重注意“目”和“手”字。可以列出“眼、睛、盼、掌、拿”等汉字让学生尝试认读并猜测字义。

2. 组词

意义相反的语素组成一个词，如：开关。

通过“开关”启发学生思考汉语中反义语素组词的规律，如“上下、内外、大小、多少”等。这些意义相反的语素组成一个汉语词，其词义指向了更为抽象的概念，并有所拓展。这也是一种相辅相成、对立统一的思维表现。

3. 认认写写

准备 PPT 图片，带领学生认读、抄写图中的汉字。建议用带有商品名的家具图片如桌子、床等。贴有“开关”汉字标识的电灯、空调开关等。

（六）《活动手册》参考答案

看看贴贴

空调	电灯	手表	床
词典	沙发	眼镜	钥匙

看看连连

按照图片从左到右的顺序对应的依次是：

离开　脱　放　看到　戴　躺

supermarket	everywhere
often	other
clean	the Great Wall
	clear

听句子，连一连

按照图片从上到下的顺序对应的句子和序号依次是：

1. 妈妈在超市买东西。
6. 妈妈给他写了一个条子。
2. 房间里到处都是书。
4. 脱下衣服到处放。
3. 他找不到眼镜了。
5. 电灯和空调都开着。

看问题，选答案

按照从左到右、从上到下的顺序对应的文字依次是：

在沙发上呢。

你自己戴着呢！

五千公里。

45 公斤。

找一找

1. 在床上。
2. 在桌子上。
3. 在沙发上。
4. 在床下。

说一说，画一画

2. 街上到处都是车。
3. 公园里到处都是花。
4. 房间里到处都是书。

画图略。

看看说说

1. 除了汤姆，其他人都在吃饭。

2. 除了心爱，其他人都喜欢打球。

3. 除了贝贝，其他人都戴着眼镜。

找不同

2.A 图上，空调关着，B 图上，空调开着。

3.A 图上，电视关着，B 图上，电视开着。

4.A 图上，汤姆坐着，B 图上，汤姆站着。

5.A 图上，小狗跑着，B 图上，小狗躺着。

四 教学难点和重点 Difficulty Points

1. 除了

“除了”这个词和不同的词搭配，可以表示“包括”和“排除”两种含义。在“除了 A，其他都……”中，表示排除 A；但是在“除了 A，还……”或“除了 A，B 也……”中，则表示包括 A。本课用的是“排除”意思的句型。

判断“除了”到底是哪一种含义，要注意后面搭配的词语。如果后面紧接着出现“都”，那么“除了”表示“排除”。如果后面紧接着出现“也”或“还”，那么“除了”表示“包括”。如：

除了贝贝，大家都来了。（不包括贝贝，意思是贝贝没来。）

除了贝贝，林达和汤姆也来了。（包括贝贝，意思是这些人都来了。）

教学提示

多用例句帮助学生体会“除了”的两种用法。通过这个词的讲解，让学生了解，汉语词的意义和用法的变化往往和语境有关，所以要特别注意词语搭配和整句句义的理解，不能孤立地去记忆汉语词的意义。

2. 着

“着”是表示动态的助词，紧接动词、形容词之后。动词、形容词和“着”的中间不能加入任何成分。“动词 + 着”表示状态的持续，如：

门开着。

灯亮着。

空调关着。

五 文化知识 Culture Highlights

中国的度量单位

中国传统使用的计量距离的单位，一般用“里”，如“万里长城”。1 里等于 0.5 公里，现在用“公里”越来越普遍了。中国传统计量重量的单位主要有“斤”，1 斤等于 0.5 公斤（千克），现在，正式场合用“千克”也越来越多。但是日常生活中，人们一般还是多用“斤”。

教学提示

可以搜集中国人的日常会话视频资料，如在菜市场的对话，问路时的对话等。影视剧片段或是真实记录视频都可以。更为生动地展现本课文化点睛的主题。

六 一课一测 Assessment

（一）听力 Listening

听句子，判断图片的对（√）错（×）。

1. 

（ ）

2. 

（ ）

3. 

（ ）

4. 

（ ）

5. 

（ ）

（二）阅读 Reading

选择和图对应的句子。

1. 

A 他很聪明，会写很多汉字。
B 他很马虎，把"太阳"写成了"大阳"。
C 他给妈妈用英文写了一个条子。

2. 

A 妈妈出去的时候，他在睡觉。
B 妈妈回来的时候，他睡觉了。
C 妈妈打扫房间的时候，他在睡觉。

3. 

A 你丢了眼镜！
B 我没有看到你的眼镜！
C 你自己戴着眼镜呢！

（三）书写 Writing

1. 排序成句。

（1）经常　她　忘记　空调　关。

________________________________。

（2）房间　起床　后　一下儿　打扫。

________________________________。

2. 句中填字。

（1）睡觉的时候，不要忘记（　）灯。

（2）星期天他经常（　）电视。

（四）会话 Speaking

你是一个马虎的人吗？如果是，请说一说你做过哪些马虎的事情。如果不是，也请说一说为什么不是。

“一课一测”参考答案

（一）听力

1. × 2. × 3. √ 4. √ 5. ×

听力材料：

1. 房间的门关着。

2. 一个戴眼镜的男孩高兴地拿着钥匙。

3. 一个孩子在穿衣服。

4. 屋子里的空调开着。

5. 汤姆一个人看英文书，其他三个人看中文书。

（二）阅读

1.A 2.A 3.C

（三）书写

1. 排序成句。

（1）她经常忘记关空调。

（2）起床后打扫一下儿房间。

2. 句中填字。

（1）关

（2）看

第四课　上北下南，左西右东

一　课文背景　Text Background

在这一课中，田老师带领同学们一起来到了地球公园，讨论关于地图的知识和不同国家的相对位置。

二　教学目标　Lesson Objectives

1. 学会描述方位和季节的词语

名词：火车、地图、大海、高山（外）、知识、地球（外）、国家、星星、北、南、西、东、北方、白天（内）、春季、秋天、冬天、夏天、下边（外）、以后（外）

动词：打算、旅游、做梦（外）、受不了、流汗

形容词：圆、暖和、凉快

副词：一直、一定、还是

介词：从、关于、向

语气词：啊

2. 掌握如下语言点的意义和用法

（1）打算　（2）从……到……　（3）一直　（4）向……走　（5）关于……

3. 学会汉字：火　车　京　冬　天　山

4. 了解文化知识：汉语方位词、中国的北方与南方

三　教学步骤与活动建议　Suggested Teaching Process & Activities

（一）教学内容导入（可参考如下方法导入）

1. 通过提问导入

可以展示一张中国地图或世界地图，问学生课文中出现的问题。如：你们会看地

图吗？红色是什么？蓝色是什么？引导学生说出课文中的词语，把说到的重点词语写在黑板上。

在课堂教学中使用地图要慎重，应选择权威出版社印制发行的地图版本。建议使用世界地图导入，可以让学生找出中国、美国等国家的位置，并尝试描述它们的相对位置。

2. 通过介绍本课学习任务导入

向学生阐明本课的学习任务，尤其是交际任务。

3. 通过视频短片导入

可借用视频短片来导入，如：中国南方和北方自然与人文景观差异的影片片段等，从而丰富主题。使用视频导入的话，要注意教学过程的呼应。在目标词汇和句型讲解之后，可以让学生重复再看这些视频，加深印象，强化对目标语言点的理解。由此导入教学内容。

（二）生词讲练

1. 领读生词

第一遍只读生词，第二遍和第三遍可以增加一个领读环节，将生词扩展成课文中的短语或句子，并注意纠正学生发音。

2. 词卡游戏

用卡片和图片带学生熟悉和练习生词（可参考附录《课堂活动方法》“词语的练习方法”中“图片 / 卡片法”）。

3. 拍词比赛

教师提前做好目标词汇的词卡，散乱地摆放并固定在白板上。学生分成两组，每组选一名代表站在白板前参加拍词比赛。教师每读出一个词，参加比赛的学生应迅速用手掌拍打对应的词卡，并顺势取下词卡。一轮比赛结束后，按照各组实际取下的正确词卡数计分。比赛可以连续进行三轮，帮助学生尽快熟悉生词（方法见附录《课堂活动方法》）。

4. 只言片语

一名学生站在大家面前，从本课生词中选择一个词语，用一句话来描述（必须用汉语）、解释这个词语，同时也可以用动作、表情、画图来辅助，但是不可以直接说出这个词语。如果有人能根据该生所说的这句话猜出这个词语，那么猜中的学生可以接替该生，继续用一句话描述某个词语。如果没有人能猜出是哪个词，则该生就要继续用汉语说话来启发大家，直到有人猜出来为止。

5. 看看标标（1）《活动手册》第 92 页

听生词，按听到的顺序，在地图上对应的位置旁边标出数字。引导学生注意中国的北方和南方的位置，指出长江和黄河，帮助学生熟悉本课生词和中国地图。

6. 看看标标（2）《活动手册》第 93 页

听生词，在图片的圆圈内按听到的顺序标数字，同时找到合适的图画连线。帮助学生掌握和练习本课生词的意义和用法。

7. 看看连连 《活动手册》第 94 页

本练习分为两部分：第一部分是把生词或短语和相对应的图片连起来，熟悉和巩固生词或短语的意义及使用的语境；第二部分是把中文和相应的英文连起来，帮助学生熟悉生词的意义。

8. 找位置 《活动手册》第 96 页

根据所给地图，用表示方位的词语补全句子，熟悉“东、南、西、北、东北、西南”等几个方位词的意义和用法。

（三）课文和语法讲练

1. 领读课文，注意纠正学生发音和语调，帮助学生理解课文故事。

2. 边听边看，让学生一边看课本上的图画，一边听录音。

3. 分角色朗读，帮助学生完全理解课文内容。

4. 表演、复述课文，帮助学生熟悉课文内容。教师可给予提示，如“韩国在中国的哪边？澳大利亚在地球的哪边？”等。

教学提示

教师可让学生先分组讨论，然后选择一名小组代表以第三人称复述课文主要内容。

5. 找一找

在交际中熟悉本课语法点和句型。

说出一个学生已知的国家名字，让学生在地图上找出来。找到的学生要说出这个目标国家的相对方位，如何从自己的国家前往目标国家，目标国家的四季气候情况等信息。

要适时引导学生使用本课句法格式，如“从美国到中国”“一直向东”“春天很暖和”等。注意把表述任务分散给不同学生，避免最先找到目标国家的学生因任务过重而产生的压力感。

6. 听句子，连一连 《活动手册》第 95 页

把听到的句子和相应的图片连起来，熟悉课文内容和常用句子。

7. 句子组合

帮助学生熟悉和掌握“从（某处）坐（某交通工具）到（某处）”这一句式的用法。

教师可把全班学生分成三组（每组学生人数要尽量相当）。要求第一组学生在纸条上任意写出出发地点，如“北京”“学校”等；第二组学生写出交通方式，如“火车”“地铁”等；第三组学生写出目的地，如“上海”“中国”等。

学生写完后，教师把写好的纸条按组分别放到三个盒子里，请一些学生在每个盒子里抽取一张，并组成“从（某处）坐（某交通工具）到（某处）”这个句式，如“我从北京坐火车到上海”，其他学生要判断该同学说得对不对。教师可以请若干学生来抽纸条说句子。

8. 我打算 《活动手册》第 97 页

用所给生词或短语完成句子，练习和掌握“从（某处）坐（某交通工具）到（某处）”这一句式的用法。

9. 向哪儿走？

根据真实的地图帮助学生理解和掌握“向……走”的用法。

事先准备一张北京的旅游图，在课上展示给学生。在图上，教师可标出几个最著名的旅游景点，并给学生设置一个起点，引导学生用“向……走”说句子。

这个活动还可以分组竞赛的形式进行。教师可以把学生分为两组，A 组同学先在图上指定起点和目的地，由 B 组同学回答，回答正确得一分，然后两组学生交替练习，得分高的一组获胜。

10. 看看说说 《活动手册》第 97 页

根据图片和例句补全句子，巩固“向……走”在句中和语境中的用法。

11. 贴贴说说 《活动手册》第 98 页

把所给生词或短语贴到句中相应位置上，练习和熟悉“关于”的意义和用法。

“关于”的用法比较抽象，要多用例句辅助讲解。也可以与英语的“about”对照学习。

（四）交际与综合运用

1. 读读画画 《活动手册》第 99 页

引导学生介绍自己的国家，补全句子，并画出所写的情境。

教学提示

在进行这个活动时，教师可以让学生在课下准备，或以小组形式做书面或口头报告，并做幻灯片向全班展示。

此外，教师还可以引导学生提前查好资料，介绍其他国家，并以口头报告的形式在班上交流。

2. 走迷宫 《活动手册》第 100 页

让学生使用方位词说出走出迷宫的路线。教师还可以在迷宫中画上一些地点，让学生找出路线，并比赛谁找的路线最短。

（五）写汉字 《活动手册》第 101 页

可以通过以下方法帮助学生建立汉字的亲近感，提高认读能力。

1. 偏旁猜字

本课着重注意“火”和“山”字，并解释“冬”下边的两点水代表冰。可以列出“灶、炊、燃、烧、峨、嵋、岩”等汉字，鼓励学生通过形旁猜测字义。

2. 组词

利用学过的汉字组成各种词。如“火车、火山、天山、冬天”等。

3. 认认写写

准备 PPT 图片，带领学生认读、抄写图中的汉字。建议用带有“东西南北”汉字的道路标识图片，有方向和距离说明的指路图片等，如：会议室由此向东 50 米。

（六）《活动手册》参考答案

看看标标

按照从左到右、从上到下的顺序对应的文字依次是：

8　　7

3　　1

6　　5

看看标标

3 做梦　　4 流汗

1 地图　　5 地球

2 旅游　　8 火车

6 大海　　7 高山

看看连连

按照图片从左到右的顺序对应的文字依次是：

暖和　　热得流汗　　凉快　　冷得受不了

按照英文从左到右、从上到下的顺序对应的汉字依次是：

受不了　　从　　关于　　一直

知识　　以后　　圆

听句子，连一连

按照图片从上到下的顺序对应的句子和序号依次是：

2. 火车是从北京到上海。

5. 从这儿一直向东走。

4. 他打算去旅游。

1. 北京在中国的北方。

3. 请问，去超市怎么走？

找位置

中国在地图的东北边。

韩国在日本的西边，在中国的东北边。

日本在中国的东边。

美国在地图的西北边。

澳大利亚在地图的东南边。

我打算

贝贝打算从北京坐火车到上海。

Tom 打算从中国坐飞机到美国。

李心爱打算从家坐公共汽车到学校。

看看说说

2.A：请问，去车站怎么走？　B：一直向西走，就到了。

3.A：请问，去超市怎么走？　B：一直向东走，就到了。

4.A：请问，去学校怎么走？　B：一直向南走，就到了。

贴贴说说

我们有很多关于地图的知识。

林达有一本关于旅游的书。

汤姆喜欢看关于中国的电影。

贝贝爱看关于篮球的电视节目。

四 教学难点和重点　Difficulty Points

1. 关于

“关于”这个词，可以放在句子中间，也可以放在句子最前边。建议先只讲放在句子中的这种用法，并且直接给学生“关于……的……”结构，如：关于旅游的书，关于地图的知识，关于中国菜的电视节目，等等。

学生熟练掌握这个结构以后，可以适度拓展，介绍一下“关于”出现在句子最前边，用来提出话题的用法。如：

关于这件事，你怎么看？

关于这个人，我什么都不想说。

2. 从

介词“从”在句中可以表示起点，常跟“到、往、向”等词配合使用。在本课中，“从”与“到”同时在句中出现，与处所、方位词语组合使用，表示处所和来源。如：从东到西；从北京到上海。

在句子中，“从”与“到”引起的处所短语之间还可以加入交通方式，组合成“从（某处）+（乘坐某交通工具）+到（某处）”的句式，如：

从北京坐火车到上海。

从中国坐飞机到美国。

3. 向……

介词“向”跟名词组合，表示动作的方向。如：向前走；向东走。

4. 一直

副词“一直”表示顺着一个方向不变，“一直”后或动词后常带表示方向的词语。如：

一直向南走。

一直往东走。

五 文化知识 Culture Highlights

汉语方位词

汉语的方位词在组合使用时，一般按照“东、西、南、北”的排列顺序，每个放在前面的字可以和后面的字组成词语，如“东西、东南、东北、西南、西北、南北”，这点和英文是不同的。在中国北京，给人指路时常常使用“东南西北”这些方向词，这是因为北京很多街道是正南正北的。但是现在人们越来越习惯用“左”“右”来指路，因为在中国，并不是所有城市都按照正南正北来规划。

中国的北方与南方

中国以长江（地理学以秦岭—淮河一线）为分界，分为北方和南方。对于“南方人”或“北方人”等定义上，比地理上的“南方”与“北方”概念更加复杂。往往根据其体质特征、语言、文化、生活习俗等差异加以区别。中国人通常认为的南方人，以云南人、贵州人、广西人、广东人、福建人、湖南人、江西人、浙江人、江苏人、湖北人等等为参考代表；而通常认为的北方人，是以河南人、山东人、河北人、陕西人、山西人、北京人等等为参考代表。北方和南方的气候、习俗、方言都不一样。比如：北方人喜欢吃面，南方人喜欢吃米饭。北方人过年吃饺子，南方人过年吃汤圆。

六 一课一测 Assessment

（一）听力 Listening

听句子，判断图片的对（√）错（×）。

1. 

（ ）

2. 

（ ）

3. 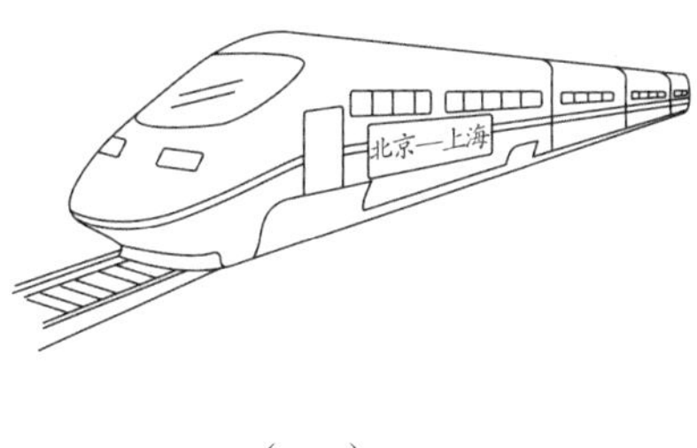

（ ）

4. 

（ ）

5. 

（ ）

（二）阅读　Reading

选择和图对应的句子。

1. 

A 现在是春天，天气很暖和。
B 这里夏天非常热。
C 秋天了，天气很凉快。

2. 

A 夏天她打算去美国旅游。
B 她的家在中国的东北。
C 她有很多关于地图的知识。

3. 

A 她们坐火车去。
B 她们骑马去。
C 她们坐飞机去。

（三）书写　Writing

1. 排序成句。

（1）打算　她　去　坐火车　上海。

________________________________。

（2）这儿　从　走　一直　往东。

________________________________。

2. 句中填字。

（1）这里（　　）天非常冷。

（2）我的国家有很多高（　　）。

（四）会话　Speaking

1. 说说你的家乡的气候。
2. 说说从教室怎么去图书馆。

“一课一测”参考答案

（一）听力

1. ×　2. ×　3. √　4. √　5. √

听力材料：

1. 一个男孩儿拿着一个足球要出门。
2. 一本书的封面上画着很多美食。
3. 火车车厢外边写着北京—上海。
4. 他冷得受不了。
5. 一个男的向一个女孩问路，他想去超市。

（二）阅读

1.B　2.A　3.C

（三）书写

1. 排序成句。

（1）她打算坐火车去上海。

（2）从这儿一直往东走。

2. 句中填字。

（1）冬

（2）山

第五课　既方便又便宜

一　课文背景　Text Background

孩子们打算去颐和园玩儿，这一次田老师让大家到颐和园门口见面，每个人都要选择一种既方便又便宜的交通方式到达颐和园。

二　教学目标　Lesson Objectives

1. 学会与表达交通方式相关的词语

名词：颐和园（外）、校车（内）、号码、午饭、地铁、门口、路上（内）、腿、别人、售票员、阿姨、警察、叔叔

动词：参观、出发、敢、选择、见面、注意、带、决定、花、换、离、迷路

形容词：贵、准时、安全、方便、便宜

副词：更、既……又……、来得及

数量词：一点儿（3）、种、辆、路、元、条（3）

2. 掌握如下语言项目的意义和用法

（1）敢　　（2）既……又……　　（3）形容词＋一点儿

（4）A 没有 B……　　（5）选择疑问句

3. 学会汉字：门　口　安　全　出　发

4. 了解文化知识：北京的地铁

三　教学步骤与活动建议　Suggested Teaching Process & Activities

（一）教学内容导入（可参考如下方法导入）

1. 通过提问导入

问学生平时常使用什么交通工具，并询问原因，一边问答，一边把一些重要的词

语和句型写在黑板上。如：地铁，公共汽车，方便，便宜，既……又……。

教师可以准备一些交通工具的图片，辅助导入。也可以询问学生今天是怎么来学校的，更为自然地引出话题。

2. 通过介绍本课学习任务导入

向学生阐明本课的学习任务，尤其是交际任务。

（二）生词讲练

1. 领读生词

第一遍只读生词，第二遍和第三遍可以增加一个领读环节，将生词扩展成课文中的短语或句子，并注意纠正学生发音。

2. 词卡游戏

用卡片和图片带学生熟悉和练习生词（可参考附录《课堂活动方法》“词语的练习方法”中“图片 / 卡片法”）。

3. 拍词比赛

教师提前做好目标词汇的词卡，散乱地摆放并固定在白板上。学生分成两组，每组选一名代表站在白板前参加拍词比赛。教师每读出一个词，参加比赛的学生应迅速用手掌拍打对应的词卡，并顺势取下词卡。一轮比赛结束后，按照各组实际取下的正确词卡数计分。比赛可以连续进行三轮，帮助学生尽快熟悉生词（方法见附录《课堂活动方法》）。

4. 只言片语

一名学生站在大家面前，从本课生词中选择一个词语，用一句话来描述（必须用汉语）、解释这个词语，同时也可以用动作、表情、画图来辅助，但是不可以直接说出这个词语。如果有人能根据该生所说的这句话猜出这个词语，那么猜中的学生可以接替该生，继续用一句话描述某个词语。如果没有人能猜出是哪个词，则该生就要继续用汉语说话来启发大家，直到有人猜出来为止。

5. 看看贴贴 《活动手册》第 102 页

把所给生词贴到图中相应位置，熟悉并掌握本课生词。

6. 看看连连 《活动手册》第 103 页

把所给生词与相对应的图片连起来，熟悉并掌握本课生词。

7. 看看标标 《活动手册》第 104 页

把英文翻译前的号码填到本课生词、拼音相应的位置上，熟悉并掌握本课生词。

本课出现了几个量词：种、条、元、辆，提醒学生注意这些量词和名词的搭配情况，通过复现使用记住用法。另外，提醒学生注意作为名词的“花”和作为动词的“花”在意义、用法上的不同。

（三）课文和语法讲练

1. 领读课文，注意纠正学生发音和语调，帮助学生理解课文故事。

2. 边听边看，让学生一边看课本上的图画，一边听录音。

3. 分角色朗读，帮助学生完全理解课文内容。

4. 表演、复述课文，帮助学生熟悉课文内容。教师可给予提示，如“同学们怎么去的颐和园？他们相约在哪里见面？ 11 路公共汽车在课文中是什么意思？”等。

教师可让学生先分组讨论，然后选择一名小组代表以第三人称复述课文主要内容。

5. 听句子，连一连 《活动手册》第 105 页

把听到的句子和相应的图片连起来，熟悉课文内容和常用句子。

6. 看问题，选答案 《活动手册》第 106 页

听问题后，让学生选出正确的答案粘贴在合适的位置。帮助学生进一步理解课文。

7. 左手右手

在游戏中帮助学生熟练运用“还是”引导的选择疑问句。

上课前，教师准备一些小件的、可以握在手中的物品，如糖果、巧克力等。

活动时，教师把学生分成两人一组，一位同学背对另一位同学把糖果或巧克力握在手中，然后向另一位同学提问：“糖在我的左手还是右手？”另一位同学则开始猜测，猜对了则把糖果给另一位同学，猜错了则由第一位同学保留。每组两个学生交替轮换练习。

8. 说明理由

帮助学生理解和掌握“既……又……”的意义和用法。教师先启发学生回忆一下已经学习、讨论过的喜欢和讨厌的事情，然后进行分组讨论，要求每个学生使用“既……又……”这个格式说明喜欢或讨厌的理由。

分组讨论过程中，教师要不断地在各组倾听学生的发言，及时指出问题和纠错。分组讨论结束后，教师要随机提问部分学生，强化正确说法的影响力。

9. 说一说 《活动手册》第 107 页

用所给词语填空，帮助学生理解和练习“既……又……”的意义和用法。

10. 看图片，提建议

帮助学生在实际情境中理解和掌握“形容词 + 一点儿”的意义和用法。

教师在上课前准备一些带有需要用到“形容词 + 一点儿”的图片，在课上打印出来或在幻灯片上展示给学生。图片内容参考如下：

驾车超速、上课迟到、字写得太小、相框挂得太高、点菜点得太少

上课时，教师依次出示图片，引导学生用“形容词 + 一点儿”说句子。例如，教师出示“驾车超速”的图片，问学生“他开得快吗？应该怎么办？”引导学生说出“慢一点儿”。

11. 完成对话 《活动手册》第 107 页

根据图片，填入相应的形容词，帮助学生练习和掌握“形容词 + 一点儿”的意义和用法。

12. 情境造句

通过图片帮助学生理解和熟悉“A 比 B+ 形容词”和“B 没有 A+ 形容词”的意义和用法。同时帮助学生复习“还是”引导的选择疑问句。

上课前，教师准备一些有比较关系的图片，图片内容参考如下：

第一幅图：高铁 时速 300km/h　　汽车 时速 120km/h
第二幅图：大苹果　　小苹果
第三幅图：哈尔滨 零下 20 度　　杭州 零上 10 度
第四幅图：姚明 身高两米　　小明 身高不足 160cm
第五幅图：台式电脑 2000 元　　笔记本电脑 4000 元

上课时，教师依次出示图片，使用选择疑问句提问，并要求学生用“A 比 B+ 形容词”和“B 没有 A+ 形容词”来回答。例如，在第一幅图中，教师可以提问：“高铁快还是汽车快？”并引导学生分别回答：“高铁比汽车快”以及“汽

车没有高铁快”。

13. 比一比 《活动手册》第 108 页

根据所给图片完成句子，练习和掌握“A 比 B+ 形容词”的用法和语境。

（四）交际与综合运用

1. 讨论 《活动手册》第 110 页

根据所给项目，讨论自己敢做和不敢做的事，综合训练有关本课话题的交际能力。

2. 看图讲故事 《活动手册》第 110 页

运用所学生词和语法描述所给图片内容。这个活动还可以与复述课文联系起来。

（五）写汉字 《活动手册》第 111 页

1. 偏旁猜字

本课着重注意“门”和“宝盖头”。可以列出“问、间、闭、家、安、宅”等汉字让学生练习认读并猜测字义。

2. 组字组词

利用学过的汉字组成各种字和词。如：“门”中间有“口”组成“问”字，“出”和“口”组成词语“出口”，“安全”和“门”组成词语“安全门”。也可利用以前学过的汉字组成各种字和词。如“火山口、车门”等。

3. 认认写写

准备 PPT 图片，带领学生认读、抄写图中的汉字。建议用旅游景点写有“东门、西门、南门、北门”“入口、出口”的标牌等。

（六）《活动手册》参考答案

看看贴贴

校车　　公园　　门口　　地铁站

警察叔叔　　售票员

看看连连

决定　　迷路

参观　　见面

选择　　出发

看看标标

2　　3

7　　6

1　　5

4

听句子，连一连

3. 他们上网看地图。　　4. 他们迷路了。

6. 别忘记带午饭！　　2. 我们要去参观颐和园。

5. 地铁坐一次花三元。　　1. 我家离学校不远。

看问题，选答案

按照从左到右、从上到下的顺序对应的文字依次是：

八点出发。

敢。

坐地铁吧。

15 分钟。

说一说

1. 汤姆既勇敢又聪明。
2. 苹果既好看又好吃。
3. 地铁既方便又安全。

完成对话

太贵了，便宜一点儿。

太低了，高一点儿。

要迟到了，快一点儿。

比一比

2. 踢足球没有打篮球 有意思。

3. 地铁比公共汽车更快。公共汽车没有地铁 快。

4. 苹果比香蕉更便宜。香蕉没有苹果 便宜。（或 苹果没有香蕉 贵。）

6.A：汤姆，你打篮球还是踢足球？

B：打篮球，打篮球比踢足球更有意思。

7.A：你坐地铁还是坐公共汽车？

B：坐地铁，地铁比公共汽车更快。

8.A：你买苹果还是买香蕉？

B：买苹果，苹果比香蕉更便宜。

四 教学难点和重点 Difficulty Points

1. 选择疑问句

选择疑问句中，如果两个选择项中的动词是相同的，往往省略后一个，如：“你吃米饭还是面条？”如果动词不相同，就需要两个动词都出现。如：“你周末打篮球还是踢足球？”

教学提示

“还是”不出现在选择疑问句中的时候，可以表示“经过考虑做出的决定”或者“劝告他人去做某件事”的意思，用法很灵活。提醒学生注意。离开了选择疑问句的语境，“还是”的用法是不同的。如：

我想了一下儿，还是去见他了。

雨下大了，你还是明天去颐和园参观吧。

2. 比较句

在学习本课的比较句之前，最好复习以前学过的基本比较句。即：

“A 比 B ……”

在本课中，“A 没有 B……”的句式用来表达 B 较 A 相比在程度上更强。如：

这件衣服没有那件贵。

Linda 没有和子大。

教学提示

比字句的否定说法学生偏误率较高。注意提醒学生如果用“不”，那么“不”必须出现在“比”的前面，或者使用“B 没有 A……”的句式。但是要特别注意，这两种说法意思是不同的。如：

汤姆不比贝贝高。（贝贝比汤姆高。或者：汤姆和贝贝一样高。）

贝贝没有汤姆高。（汤姆比贝贝高。）

3. 既……又……

“既”与“又”搭配，连接动词或形容词（结构和音节数目通常相同），表示某人或某事物同时具有两个方面的性质或情况。例如：

北京的地铁既方便又便宜。

这本书既好看又实用。

Tom 既聪明又勇敢。

4. 一点儿

数量词“一点儿”表示数量少而不确定。用在形容词后做补语，有表示程度轻的意思。例如：

太快了，你慢一点儿。

我们快迟到了，快一点儿！

五 文化知识 Culture Highlights

北京的地铁

北京地铁四通八达，是一种既方便又便宜的交通工具。截至 2018 年 12 月，北京地铁共有 22 条运营线路，覆盖北京市 11 个市辖区，拥有 391 座运营车站、总长 637 千米。北京大部分驰名中外的旅游景点都可以乘坐地铁到达，如故宫、颐和园、王府井等等。北京地铁覆盖面广、速度快，也是北京人出行最常选择的交通工具之一。每天，北京地铁都会运送大约一千万人出行，方便人们的生活。现在，为了满足更多人的交通需求，北京的地铁还在不停地建设中。

展示北京地铁路线图，找出几个著名参观景点，如天安门、王府井等，让学生查看地铁路线并讨论。

北京城市轨道交通线网图
Beijing Rail Transit Lines

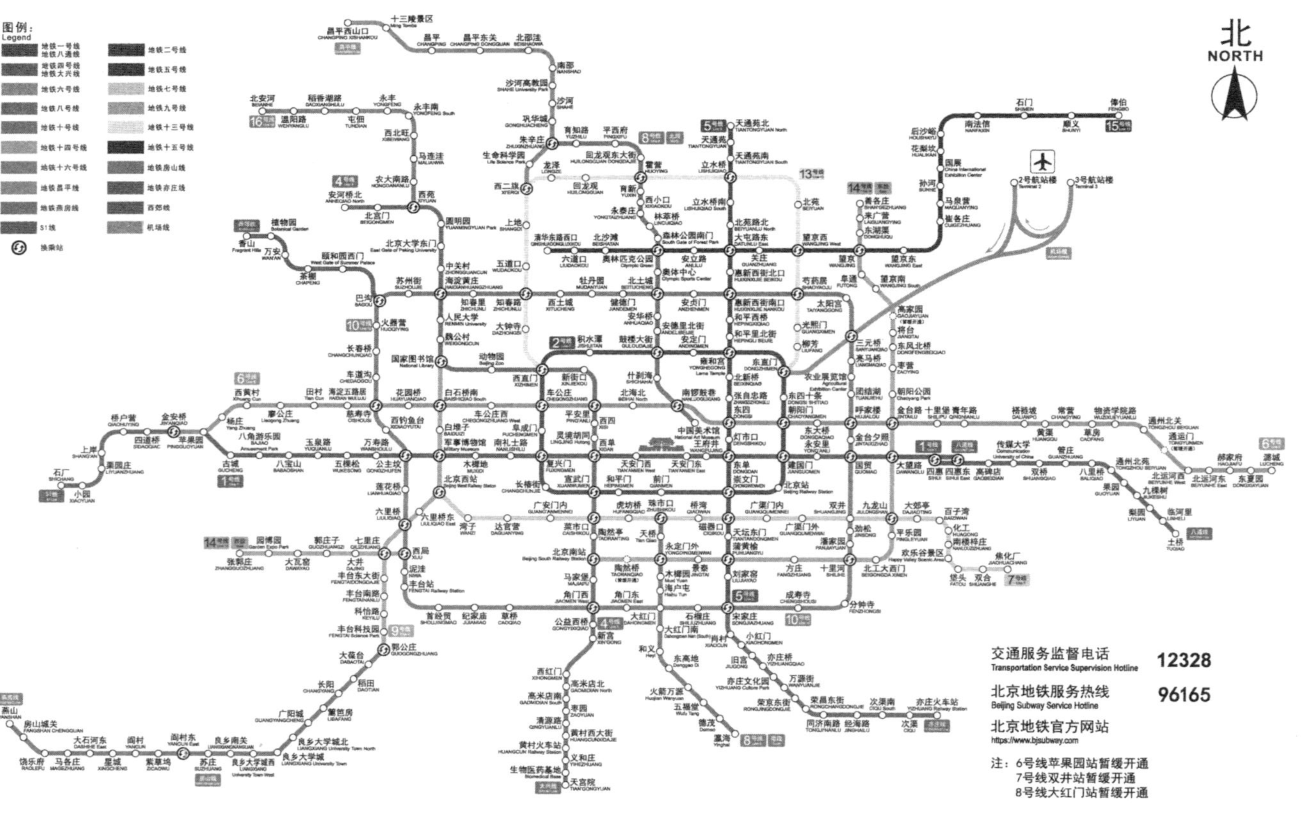

六 一课一测 Assessment

（一）听力 Listening

听句子，判断图片的对（√）错（×）。

1. 

（ ）

2. 

（ ）

3. 

（ ）

4. 

（ ）

5. 

（ ）

（二）阅读　Reading

选择和图对应的句子。

1.

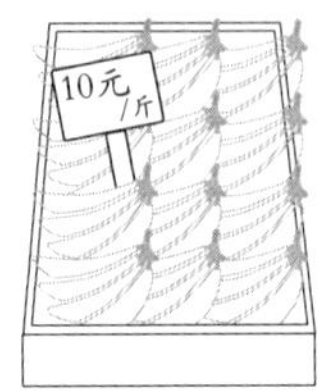

A 苹果比香蕉更贵。
B 苹果没有香蕉贵。
C 香蕉没有苹果贵。

2.

A 她迟到了五分钟。
B 她家离公园不远。
C 她很准时。

3.

A 我们上网看看地图。
B 我们坐公交车去动物园。
C 我们在公园门口见面。

（三）书写　Writing

1. 排序成句。

（1）学校　动物园　不　离　远。

________________________________。

（2）上海　北京　更　比　热。

________________________________。

2. 句中填字。

（1）昨天我们去天（　）门了。

（2）我找不到火车站的（　）口。

（四）会话　Speaking

说说你最喜欢哪种交通工具，并说明为什么？

"一课一测"参考答案

（一）听力

1. × 2. √ 3. √ 4. × 5. √

听力材料：

1. 一个男孩在海里游泳。

2. 人们排队上公共汽车。

3. 一个售货员在超市问顾客，要橘子还是苹果？

4. 一个男的坐在出租车里，很焦急地和开车的司机说话。

5. 和子推着自行车，和老师笑着聊天儿。

（二）阅读

1.B 2.A 3.C

（三）书写

1. 排序成句。

（1）动物园离学校不远。/ 学校离动物园不远。

（2）上海比北京更热。

2. 句中填字。

（1）安

（2）出

第六课　月亮就是我的心

一　课文背景　Text Background

中国农历的八月十五是中秋节，这个节日是中国人阖家团圆赏月的日子。这一天的月亮很圆，孩子们和田老师一起去北海公园过中秋节。他们一边吃月饼和水果，一边赏月。

二　教学目标　Lesson Objectives

1. 学会和节日、赏月相关的词语

名词：中秋节（外）、公园、节日、月饼（外）、主意（外）、桥（外）、盘子、天（内）、云、动物（3）、大象、蝴蝶、兔子、以前、女孩儿（内）、嫦娥（外）、梨（外）、桃（外）、葡萄、草地、虫子、节目、心（内）、声音、巧克力、糖

动词：飞（内）、起来、听说（外）、打针、表演、同意、好像（内）、行

形容词：安静、突然、奇怪、甜、深（外）、短、矮、重要、晴、久（外）

连词：一边……一边……

副词：这么（外）、多么

2. 掌握如下语言点的用法

（1）连动句　（2）行吗？　（3）一边……一边……　（4）多么……啊

3. 学会汉字：飞　虫　短　草　桥　晴　心

4. 了解中国文化知识：中秋节、嫦娥奔月

三　教学步骤与活动建议　Suggested Teaching Process & Activities

（一）教学内容导入（可参考如下方法导入）

1. 通过介绍文化知识导入

出示中秋节月亮、月饼的图片，问学生是否知道中国的中秋节。同时向学生介绍

中秋节的风俗。一边介绍，一边将重要词语和句型写在黑板上。如：水果，月饼，中秋节，一边……一边……。

用有关中秋节习俗的视频短片作为本课的课堂导入效果很好。可以根据学生的实际年龄来决定选择卡通版还是抒情版视频。

2. 通过介绍本课学习任务导入

向学生阐明本课的学习任务，尤其是交际任务。

（二）生词讲练

1. 领读生词

第一遍只读生词，第二遍和第三遍可以增加一个领读环节，将生词扩展成课文中的短语或句子，并注意纠正学生发音。

2. 词卡游戏

用卡片和图片带学生熟悉和练习生词（可参考附录《课堂活动方法》“词语的练习方法”中“图片 / 卡片法”）。

3. 拍词比赛

教师提前做好目标词汇的词卡，散乱地摆放并固定在白板上。学生分成两组，每组选一名代表站在白板前参加拍词比赛。教师每读出一个词，参加比赛的学生应迅速用手掌拍打对应的词卡，并顺势取下词卡。一轮比赛结束后，按照各组实际取下的正确词卡数计分。比赛可以连续进行三轮，帮助学生尽快熟悉生词（方法见附录《课堂活动方法》）。

4. 只言片语

一名学生站在大家面前，从本课生词中选择一个词语，用一句话来描述（必须用汉语）、解释这个词语，同时也可以用动作、表情、画图来辅助，但是不可以直接说出这个词语。如果有人能根据该生所说的这句话猜出这个词语，那么猜中的学生可以接替该生，继续用一句话描述某个词语。如果没有人能猜出是哪个词，则该生就要继续用汉语说话来启发大家，直到有人猜出来为止。

5. 看看贴贴 《活动手册》第 112 页

把所给生词贴到图中相应位置上，熟悉和掌握本课生词的意义。

6. 标标连连 《活动手册》第 113 页

把所给词语和相对应的图片连起来，熟悉和掌握本课生词的意义。

7. 观察判断 《活动手册》第 113 页

把所给词语和相对应的图片连起来，熟悉和掌握本课生词的意义。

8. 看看连连 《活动手册》第 114 页

把所给生词、拼音和对应的英文翻译连起来，熟悉和掌握本课生词的意义。

（三）课文和语法讲练

1. 领读课文，注意纠正学生发音和语调，帮助学生理解课文故事。

2. 边听边看，让学生一边看课本上的图画，一边听录音。

3. 分角色朗读，帮助学生完全理解课文内容。

4. 表演、复述课文，帮助学生熟悉课文内容。教师可给予提示，如“Tom 和他的同学们中秋节去哪儿？他们做什么了？”等。

教师可先让学生分组讨论，然后选择一名小组代表以第三人称复述课文主要内容。

5. 你说我做

帮助学生理解和掌握“一边……一边……”的意义和用法。

学生每两人一组，一个说，一个做动作。说的人要使用“一边……一边……”这个句型，做动作的人在理解句义的情况下做出正确动作。然后两人互换。

教师要观察学生们的两人活动进度，并及时纠正听到的偏误，以免浪费课堂时间。最后挑选出几组在全班同学面前表演“你说我做”。

6. 猜猜连连 《活动手册》第 115 页

猜谜语，理解和熟悉“很＋形容词”的意义和用法。

7. 写写说说 《活动手册》第 115 页

用所给词语补全句子，练习“某时＋去＋某处＋做某事”的句式。

8. 句子组合

帮助学生练习和熟悉“某时＋去＋某处＋做某事”这一句式。

可把全班学生分成三组（每组学生人数要尽量相当）。要求第一组学生在纸条上任意写出时间，如“今天”“下午”等；第二组学生写出地点，如“学校”“图书馆”等；第三组学生写出做什么事，如“上课”“踢足球”等。

学生写完后，教师把写好的纸条按组分别放到三个盒子里，请一些学生在每个盒子里抽取一张，并组成“某时 + 去 + 某处 + 做某事”这个句式，如“我今天去学校上课”，其他学生要判断该同学说得对不对。教师可以请若干学生来抽纸条说句子。

9. 看动作，说句子

帮助学生理解和练习“一边……一边……”的意义和用法。

上课前，准备一些写有动作的卡片，如“打篮球”“喝水”等等。上课时，教师请一位同学到前面来抽取两张卡片，要求这位同学表演同时进行这两种动作。其他同学要用“一边……一边……”这个句式猜测该同学表演的是什么动作。教师可以根据情况，请若干学生上台抽卡片表演。

10. 说一说 《活动手册》第 117 页

根据图片补全带有“一边……一边……”的句子，练习和巩固“一边……一边……”的用法和使用的情境。

11. 完成对话（1） 《活动手册》第 116 页

根据图片补全对话，练习和熟悉“行吗”的意义和用法。

12. 情境造句

根据情境说句子，帮助学生理解和掌握“多么 + 形容词”的意义和用法。

上课前，教师可以准备一些有夸张意义的图片，如：很小的苹果、很便宜的电脑、很瘦的小女孩等。上课时，教师向学生展示这些图片，引导学生用“多么 + 形容词”说句子。

13. 完成对话（2） 《活动手册》第 118 页

根据图片补全对话，练习和熟悉“多么 + 形容词”的意义和用法。

14. 听句子，选一选 《活动手册》第 114 页

听句子，判断录音内容与图片中的情境是否相符，综合练习本课课文和语法点。

（四）交际与综合运用

1. 写一写 《活动手册》第 118 页

运用所学词语补全日记，综合训练本课所学生词和语法点。

教师还可以根据情况对这个活动进行拓展。比如，教师可以要求学生仿照《活动手册》上的例子，自己写一篇日记，训练学生的写作能力。

2. 看图讲故事 《活动手册》第 119 页

根据图片讲述嫦娥奔月的传统故事，巩固和复习本课文化知识和语言知识。

教学提示

这个活动可以与文化知识介绍结合起来，加深学生的理解和记忆。教师可以播放“嫦娥奔月”故事的视频短片，在学生都能熟练理解的基础上进行配音练习。

此外，教师还可以引导学生在课下查找更多中国传统节日的资料，并在课上互相用中文讲述。

3. 唱一唱 《活动手册》第 121 页

歌曲《月亮就是我的心》。这首歌曲与课文题目相同，可以帮助学生理解暗喻“月亮就是我的心”。

（五）写汉字 《活动手册》第 120 页

1. 偏旁猜字

本课着重注意“矢”旁，和“日”旁。教师列出“矮、矫、短、晴、晒、明”等字，鼓励学生认读并猜测字义。

2. 写一写 《活动手册》第 119 页

练习可以与“青”搭配的偏旁。

3. 组词

利用学过的汉字组成各种字和词。如“飞走、晴天、草地、大桥”等。

4. 组字练习

让学生注意“青”和不同偏旁组合变成不同的字，使学生了解形声字的特点。指导学生在括号中写出“睛、晴、情、请”四个汉字。

5. 认认写写

准备 PPT 图片，带领学生认读、抄写图中认识的汉字。建议用中秋节宣传画页或月饼广告页等图片。

（六）《活动手册》参考答案

看看贴贴

按照逆时针顺序对应的文字依次是：

桥　　蝴蝶　　虫子　　草地　　盘子　　桃

梨　　葡萄　　月饼　　表演　　公园

标标连连

5. 起来　4. 同意　6. 听说　2. 飞　1. 表演　3. 打针

观察判断

深　短

安静　甜

晴　矮

看看连连

按照从左到右、从上到下的顺序对应的文字依次是：

look like　suddenly　idea　strange

festival　performance　before　important

听句子，选一选

1.F　2.C　3.D　4.E　5.A　6.B

猜猜连连

1. 大象　2. 兔子　3. 蝴蝶　4. 猴子　5. 马

写写说说

（答案仅供参考，可与答案不同）

5月12日　星期天

1. 上午去图书馆 看书
2. 上午去公园 玩
3. 中午去餐厅 吃饭
4. 中午去超市 买东西
5. 晚上去电影院 看电影

你的一天

1. 上午去公园 玩
2. 下午去体育馆 打乒乓球
3. 晚上去超市 买东西

完成对话

太贵了，便宜一点儿，行吗？

妈妈，我想看一下电视节目，行吗？

妈妈，今天不练习钢琴，行吗？　行啊 / 不行。

说一说

她一边听音乐，一边读书。

他一边看电视，一边吃饭。

他一边走路，一边喝水。

他们一边吃饭，一边聊天儿。

完成对话

这里多么安静啊！

月饼多么甜啊！

田老师的声音多么甜啊！

月亮多么圆啊！

写一写

今天是中秋节，晚上我们和田老师一起去北海公园看月亮。今天天很晴，云不多，月亮很漂亮，好像一个白色的盘子，很圆。

我们一边吃东西，一边看月亮，老师给我们讲了一个月亮的故事，还给我们唱歌，老师的声音很甜。

写一写

晴　　请

情　　睛

四　教学难点和重点　Difficulty Points

1. 多么……啊

“多么……啊”是感叹句，用来表达较为强烈的感叹。“多么”后面总是出现形容词。如：

你看，月亮多么圆啊！

心爱多么瘦啊！

在口语中，多用“多……啊”的形式。如：月亮多圆啊！

如果换成陈述句，可以用“很……”来代替。如：今天晚上的月亮很圆。

感叹句可以表达较为强烈的感受。教师可以提供一些具有强烈视觉冲击力的图片，如高山、大海、星空、人满为患的商场等，鼓励学生在练习使用这个句型时，稍带夸张表演的成分，以增强表达效果和练习的趣味性。

2. 连动句

连动句是由两个或两个以上的动词与形容词做谓语构成的句子，它们共同叙述、描写、说明一个主语。连动句中前后两个动词可以表达不同的意义关系，例如：

动作依次发生：他打开门出去。

目的关系：Tom 去学校上课。

方式关系：心爱坐飞机去中国。

五 文化知识 Culture Highlights

中秋节

中国农历的八月十五，是中国重要的传统节日——中秋节。中秋节有许多别称：因为它的节期在八月十五，所以称为“八月节”“八月半”；又因八月十五的月亮要比其他几个月的满月更圆、更亮，中秋节的主要活动都是以“月”为内容的。中秋节的习俗很多，形式也各不相同，但都寄托着人们对生活无限的热爱和对美好生活的向往。这一天，中国人阖家团圆，吃月饼、赏明月。在中国，中秋节是公众假期。除了中国人之外，韩国人、日本人也过中秋节，不过中秋节的习俗各有不同。

嫦娥奔月

“嫦娥奔月”是中国家喻户晓的民间传说，这个故事与中秋节的起源也有关联。传说嫦娥本是后羿的妻子，后羿射下 9 个太阳后西王母赐其不老仙药，但后羿不舍得吃下，就交于嫦娥保管。后羿门徒蓬蒙很想得到仙药，逼迫嫦娥交出仙药，嫦娥无奈情急之下吞下仙药，便向天上飞去。当日正是八月十五，月亮又大又亮，因不舍后羿，嫦娥就停在了离地球最近的月亮，从此长居广寒宫。后羿回家后心痛不止，于是每年八月十五便摆下宴席对着月亮与嫦娥团聚。

教学提示

教师可以简要介绍嫦娥奔月的故事。这个故事反映出古代中国人神奇的想象力。有趣的是，中国的登月飞船也用“嫦娥”命名。

六 一课一测 Assessment

（一）听力 Listening

听句子，判断图片的对（√）错（×）。

1. 

（ ）

2. 

（ ）

3. 

（ ）

4. 

（ ）

5. 

（ ）

（二）阅读 Reading

选择和图对应的句子。

1. 

A 他一边看书，一边听歌。
B 他生病的时候不打针。
C 他打算去上海旅游。

2. 

A 今天天很晴，月亮很圆。
B 今天天气很好，云不多。
C 今天天气不太好，很冷。

3. 

A 看，那好像一只大象。
B 看，那好像一只兔子。
C 看，那好像一只蝴蝶。

（三）书写 Writing

1. 排序成句。

（1）多么　啊　甜　田老师　声音　的。

________________________________。

（2）好像　月亮　一个　盘子　白色　的。

________________________________。

2. 句中填字。

（1）今天（　）天，我们去动物园吧。

（2）一只蝴蝶（　）过去了。

（四）会话 Speaking

1. 请你邀请一个朋友和你一起去看电影。

2. 请你描述一种你喜欢的动物。

“一课一测”参考答案

（一）听力

1. × 2. × 3. √ 4. √ 5. √

听力材料：

1. 一架飞机停在机场。

2. 一个人正在大街上问路。

3. 今晚的月亮真圆！

4. 一个男孩儿背着一个旅行包。

5. 他们一边吃月饼和水果，一边赏月。

（二）阅读

1.A 2.B 3.C

（三）书写

1. 排序成句。

（1）田老师的声音多么甜啊。

（2）月亮好像一个白色的盘子。

2. 句中填字。

（1）晴

（2）飞

第七课　互相帮助

一　课文背景　Text Background

马上就要考试了。和子的英语不太好，汤姆的汉字有问题，他们决定互相帮助。

二　教学目标　Lesson Objectives

1. 学会与请求帮助、说明做事顺序相关的词语

名词：最近、汉字（内）、体育馆、图书馆、办法、页

动词：学（内）、努力、复习、等、借、打扰、帮、考

形容词：认真

副词：马上、就要（外）、正在、然后、一会儿、互相

2. 掌握如下语言点，请求帮助及谈论做事的顺序

（1）正在　　（2）先……然后……　　（3）兼语句 1

3. 学会汉字：学　习　图　书　馆　正　在

4. 了解文化知识：中国的考试文化

三　教学步骤与活动建议　Suggested Teaching Process & Activities

（一）教学内容导入（可参考如下方法导入）

1. 通过提问导入

可以请学生帮助自己做某件事，并重复提出请求帮助的句子，且在黑板上写出这几个句子。如“请帮我打开门。”“请帮我找到那本书。”“请帮我写出他的名字。”等。领读后，请几名学生说出各自需要别人帮助做的事情，强化印象。

2. 通过介绍本课学习任务导入

向学生阐明本课的学习任务，尤其是请求别人帮助、介绍做事的时间顺序等交际

任务。

3. 通过设置情境导入

导入部分也可以用情境导入法。教师有意无法完成某件事情，如：打不开门、找不到汉语书等。请求学生帮助，让请求帮助的句子自然出现。

（二）生词讲练

1. 领读生词

第一遍只读生词，第二遍和第三遍可以增加一个领读环节，将生词扩展成课文中的短语或句子，并注意纠正学生发音。

2. 词卡游戏

用卡片和图片带学生熟悉和练习生词（可参考附录《课堂活动方法》“词语的练习方法”中“图片 / 卡片法”）。

3. 抢牌游戏

先把生词做成扑克牌大小的卡片，一面写拼音，一面写汉字；把学生分成两个组，围成圆圈。所有的牌都拼音朝上，放在桌上或地上。教师说出某个生词，快速找到的人可以赢得卡片，拿到卡片最多的人或队获胜（方法见附录《课堂活动方法》）。

4. 猜词游戏

全班分两组，每组各选一名学生到前面，背对黑板，面向其他学生。教师在黑板上写一个生词，本组同学用解释或造句等各种方法，提示前面的同学，使他猜出老师写的生词。猜对的人得分，得分多的队获胜（方法见附录《课堂活动方法》）。

5. 快速找词

先把生词做成课本一样大小的卡片，上面只写汉字；贴在白板上，或是摆放在地上。教师选两位同学来竞赛，教师说出某个生词，最快找到的人可以赢得卡片继续留在游戏中。输者会失去找词的权利，但必须为下一轮的找词竞赛读词。最终拿到卡片最多的人获胜。

跟之前的抢牌游戏不同，这个活动中赢者继续找词，输者需要读词。每一轮都这样进行，保证每个学生都有认读汉字的练习机会。同时卡片上不再出现拼音，提升学生无拼音认读汉字的能力。教师需要根据学生人数多预备一些卡片，卡片上可以写生词，也可以写生词组成的短语。

6. 抽签造句

教师事先准备好签条，上面写有本课目标词语。全班分两组，每组各选一名学生到前面，各抽取一个签条。能够根据抽到的词语成功造句的学生可以为自己的团队赢得 1 分，否则不计分。最终得分多的队获胜。

教学提示

此活动目的在于创设较为活泼又具有竞争力的造句语境，鼓励学生语言输出。对于成功造句的判断标准不宜过严。

7. 看看贴贴 《活动手册》第 60 页

把所给生词贴在图中相应位置上，熟悉本课生词的意义。

8. 看看连连 《活动手册》第 61 页

把所给生词及其拼音与相应的图片连起来，熟悉本课生词的读音、写法和在具体情境中的用法。

9. 读读连连 《活动手册》第 62 页

把本课所学的生词及其拼音与英文译意连起来。

教学提示

在做“看看连连”和“读读连连”时，教师可以先请学生把生词和图片、英文连起来，然后再进行领读、请学生逐一朗读，进一步练习和巩固生词的读音。

（三）课文和语法讲练

1. 领读课文，注意纠正学生发音和语调，帮助学生理解课文故事。

2. 边听边看，让学生一边看课本上的图画，一边听录音。

3. 分角色朗读，帮助学生完全理解课文内容。

4. 表演、复述课文，帮助学生熟悉课文内容。教师可给予提示，如“Tom 为什么叫贝贝等他？ Tom 请和子帮他做什么？”等。

5. 听后重复，选择一些关键的句子给学生放录音，在学生们听过后要求他们重复所听到的句子。教师可以根据学生水平选择放一遍或是多遍录音。

6. 课文再现，让学生先分组练习，然后选择小组代表以表演形式再现课文内容。

7. 听句子，标一标 《活动手册》第 63 页

根据录音中听到的句子顺序，在所给图片中标出序号。

教学提示

教师可以把这个练习与“听后重复”结合起来，在学生听完每个句子后进行重复。

8. 看图回答 《活动手册》第 64 页

看图片，回答图片中人物提出的问题，训练学生的交际能力。

9. 看图讲故事 《活动手册》第 68 页

根据课文内容，把图片按照正确的顺序排列，并进行复述或表演，进一步熟悉课文内容，掌握课文中涉及的交际任务。

教学提示

这个活动可以与前面的“表演、复述课文”结合起来。在刚开始学这一课时，学生可能由于不熟悉课文内容而对复述和表演感到困难。教师可以先让学生做“看图讲故事”这个活动，让学生理清课文中故事发生的顺序，然后让学生在图片的提示和帮助下进行复述，并分组按角色表演。教师还可以把这个活动全部安排成小组练习，如先分小组讨论图片顺序，图片所对应的课文内容，然后分小组汇报讨论结果。

10. 看看说说（1） 《活动手册》第 65 页

理解和练习兼语句“主语 + 动词 1+ 宾语 1+ 动词 2+（宾语 2）”的用法。

11. 互相帮助

掌握并巩固兼语句“主语 + 动词 1+ 宾语 1+ 动词 2+（宾语 2）”的用法。

活动前，教师请每个学生写出五个自己擅长做的事情，如科目、体育活动等等。然后，教师在黑板上写出例句：“我帮你做……，你帮我写……”和“我教你唱……，你教我画……”。教师视教室的情况和学生人数，可让学生分组练习，每组四到五人，组内学生根据自己和别人擅长的事情，互相使用黑板上的句式造句，如学生 A 擅长数学，则学生 B 可说：“你帮我学数学。”活动后，教师请一些学生在全班面前说出他们的句子，由大家评判正误；如学生人数较少、教室使用可较为灵活，教师可请全班同学自由走动，要求记录下来三至五个帮助他人或被他人帮助的句子，活动后向全班展示。

12. 看看说说（2） 《活动手册》第 67 页

根据图片填写动宾短语，练习和巩固“先……然后……”这一介绍做事情时间顺序的句式。

13. 顺序接龙

熟悉和练习“先……然后……”这一介绍做事情时间顺序的句式。全班学生分为两组。一组用“先”说出上句，另一组用“然后”说出下一句。在规定时间内不能继续说出句子的小组输。

建议采用抢答方式。不规定小组内部成员的说话顺序，激发学生积极思考和参与。

14. 读读写写（1） 《活动手册》第 66 页

本页练习说明做事情时间顺序的交际任务，并熟悉课文内容。

15. 看动作，说句子

理解和练习“正在”的用法。

教师可事先准备一些写有表示动作的词、短语的卡片，如“写汉字、说英文、画画、跑步、游泳”等。活动时，请一位学生到讲台前来，抽取卡片并表演动作，其他学生则需要用“他正在……”说句子。

这个活动还可以用游戏竞赛的方式进行。比如，教师可把学生们分为两组，两组学生轮换选代表上台表演动作，然后两组抢答。正确的句子说得最多的组获胜。

（四）交际与综合运用

读读写写（2） 《活动手册》第 69 页

综合运用本课学过的生词和语法点，写出过去一周帮助别人和被别人帮助的事情。

这个活动还可以用作口语练习。教师可以把写作的任务留作家庭作业，然后让学生下一节课带到课堂上来。在课上，可要求学生根据自己写的内容，向邻座的同学讲述自己的故事，提高口语交际的能力。教师还可以选几个学生，或请学生自愿上台讲述自己的故事。教师还可根据学生的水平要求他们尝试复述他人的故事。

（五）写汉字 《活动手册》第 69 页

教师还可以通过以下方法培养学生对汉字的亲切感，帮助学生提高汉字认读能力。

1. 偏旁猜字

本课着重注意“馆”字的形旁和声旁分析。教师可以列出一些带有同样形旁的汉字，如“饭、饮、饿、饱、饥”等，让学生认读或猜读。

2. 猜字游戏

用图片或 PPT 展示“学而时习之”的书法作品，让学生尝试认读。

3. 认认写写

准备 PPT 图片，带领学生认读、抄写图中的汉字。建议用真实版“体育馆”“图书馆”“博物馆”等指示牌图片。

（六）《活动手册》参考答案

看看贴贴

图书馆　　学校

体育馆　　公共汽车站

医院　　商店

看看连连

借　　考

帮　　努力

打扰　　等

读读连连

recently　　carefully

at once　　way; method

will do something soon　　each other

be doing something　　for a while

then

听句子，标一标

2　5　4　6　1　3

看图回答

我的词典呢？　你的词典在沙发上。

你去体育馆打乒乓球吗？　我很想去，但是我正在写汉字作业。

我们正在等你，你快点来，行吗？　行！我马上就去。

打扰一下儿，你现在忙吗？　我正在写汉字呢。

看看说说

1. 汤姆可以帮和子复习英语。
2. 和子可以帮汤姆复习汉字。
3. 心爱可以教贝贝唱歌。
4. 贝贝可以教林达画画。
5. 林达可以教汤姆跳舞。

读读写写

先　然后　帮　正在　帮　考　帮　考　行吗

看看说说

2. 贝贝先打乒乓球，然后写作业。
3. 李心爱先画画，然后做饭。

看图讲故事

正确的顺序：A　C　B　E　D　F

四　教学难点和重点　Difficulty Points

1. 正在

“正在”表示说话人在说话时所做的事情。口语中常常省略为“正……呢！”如：

我正在写作业。——我正写作业呢！

我正在帮他复习英语。——我正帮他复习英语呢！

我正在忙着做饭。——我正忙着做饭呢！

受到英语现在进行时的影响，学生可能认为“正在”后面的动词后必须添加“着”。但在汉语中，这里的动词后添加“着”和不添加“着”，是两可的。

2. 先……然后……

“先……然后……”用于表示两件事情发生的先后顺序。如：

我先写作业，然后去打球。

我先去图书馆借书，然后去体育馆等你。

3. 兼语句 1

兼语句的谓语是由动宾短语套接主谓短语构成的，动宾短语的宾语兼做主谓短语的主语。基本的句式是“主语 1+ 动词 1+ 宾语 1+ 动词 2+（宾语 2）”，如：

我帮你学英语。

你教我写汉字。

五 文化知识 Culture Highlights

中国的考试文化

中国的学校很重视考试，老师、学生和家长对考试成绩都比较关注，甚至曾有过“考考考，老师的法宝；分分分，学生的命根”这样的说法。小学升初中叫作“中考”，高中考大学叫作“高考”，考试的成绩会在很大程度上决定一个人后来的发展环境。这种观念在韩国和日本也都不同程度地存在。近年来，越来越多的教育学家提倡“素质教育”“快乐教育”，在中国有一些小学、中学都增补了很多和考试没有直接关系的兴趣课程。

教师可以在介绍完中国的考试文化后，请同学们说一说在自己的国家，有着什么样的考试文化，和中国有什么不同。

六 一课一测 Assessment

（一）听力 Listening

听句子，选择正确的图片。

1. A 

（ ）

B

（ ）

2. A 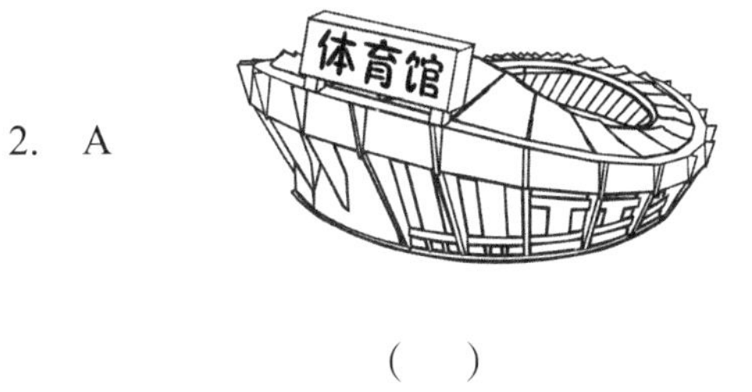

（ ）

B 

（ ）

3. A 

（ ）

B 

（ ）

（二）阅读 Reading

选择和图对应的句子。

1. 

A 最近我们就要考试了。
B 最近我们都很忙。
C 最近我们学的汉字越来越多了。

2. 

A 他正在唱歌。
B 他正在考试。
C 他正在复习。

3. 

A 大卫帮助小红复习英语。
B 小红帮大卫复习英语。
C 小红帮大卫复习汉语。

（三）书写 Writing

1. 排序成句。

（1）可以　等　一会儿　我　吗？

______________________________？

（2）帮助　可以　互相　我们。

______________________________。

2. 句中填字。

（1）我先去图书（　　）借书。

（2）她（　　）在写英语作业。

（四）会话 Speaking

1. 两人一组，说出可以互相帮助做的事。
2. 两人一组，互相提问现在正在做的事。

"一课一测"参考答案

（一）听力

1.A 2.A 3.B

听力材料：

1. 他正在写汉字呢！
2. 他想去体育馆打乒乓球。
3. 他们一起学习，互相帮助。

（二）阅读

1.A 2.B 3.C

（三）书写

1. 排序成句。

（1）可以等我一会儿吗？

（2）我们可以互相帮助。

2. 句中填字。

（1）馆

（2）正

第八课　猜字游戏

一 课文背景 Text Background

田老师在汉字课上和同学们玩字谜游戏，男生和女生分两队比赛，看卡片猜汉字。

二 教学目标 Lesson Objectives

1. 学会与描述、赞扬、指令相关的词语

名词：字（2）、男生、队（外）、比赛、卡片（外）、班（3）、句子、黑板（外）

动词：排队、讲、讨论、明白、准备、开始、加、用、告诉、减、挂

形容词：容易、旧、错、母（外）

副词：极、非常、一共

连词：或者

量词：张

2. 掌握如下语言点，描述事实、赞扬别人、发布指令

（1）着（存现句）　　（2）正反疑问句　　（3）V 了没有？

（4）把字句：主语 + 把 + 宾语 + 动词 + 到 + 处所

3. 学会汉字：中　队　讲　告　诉　错

4. 了解文化知识：汉字字谜

三 教学步骤与活动建议 Suggested Teaching Process & Activities

（一）教学内容导入（可参考如下方法导入）

1. 通过展示汉字卡片或书写视频导入

展示汉字卡或汉字书写视频资料，让学生试读。如：大、天、田、日、旧，等等。

为学生理解字谜做好铺垫。

2. 通过游戏导入

可以利用本课内容对以往学过的汉字进行复习。教师可以在课前设计猜字游戏用的卡片，要猜的字都是从前学过的字。教师在课上先用这些学过的字完成一遍本课所说的猜字游戏流程，让学生在游戏过程中熟悉和掌握课文内容。

3. 通过介绍本课学习任务导入

向学生阐明本课的学习任务，尤其是描述事实、赞扬别人、发布指令等交际任务。

（二）生词讲练

1. 领读生词

第一遍只读生词，第二遍和第三遍可以增加一个领读环节，将生词扩展成课文中的短语或句子，并注意纠正学生发音。

2. 词卡游戏

用卡片和图片带学生熟悉和练习生词（可参考附录《课堂活动方法》“词语的练习方法”中“图片 / 卡片法”）。

3. 抢牌游戏

先把生词做成扑克牌大小的卡片，一面写拼音，一面写汉字；把学生分成两个组，围成圆圈。所有的牌都拼音朝上，放在桌上或地上。教师说出某个生词，快速找到的人可以赢得卡片，拿到卡片最多的人或队获胜（方法见附录《课堂活动方法》）。

4. 快速找词

先把生词做成课本一样大小的卡片，上面只写汉字；贴在白板上，或是摆放在地上。教师选两位同学来竞赛，教师说出某个生词，最快找到的人可以赢得卡片继续留在游戏中。输者会失去找词的权利，但必须为下一轮的找词竞赛读词。最终拿到卡片最多的人获胜。

这个活动中赢者继续找词，输者需要读词。每一轮都这样进行，保证每个学生都有认读汉字的练习机会。同时卡片上不再出现拼音，提升学生无拼音认读汉字的能力。教师需要根据学生人数多预备一些卡片，卡片上可以写生词，也可以写生词组成的短语。

5. 抽词组句

教师事先准备好词卡，上面写有本课目标词语。全班分两组，每组各选一名学生到前面，各抽取一个词卡。 两位同学根据抽到的词语各自造句。成功造句的学生可以为自己的团队赢得 1 分，否则不计分。最终得分多的队获胜。

此活动目的在于创设较为活泼又具有竞争力的造句语境，鼓励学生语言输出。对于成功造句的判断标准不宜过严。

6. 贴贴读读 《活动手册》第 70 页

根据图片内容，将相应的本课生词贴到所给短文中去。熟悉本课生词的意义及在上下文中的用法。

7. 看看连连（1） 《活动手册》第 71 页

把所给生词及其拼音与相应的图片连起来，练习和熟悉生词的意义和读音。

8. 看看连连（2） 《活动手册》第 72 页

把所给生词及其拼音与相应的英文译意连起来，熟悉生词的英文意思和读音。

（三）课文和语法讲练

1. 领读课文，注意纠正学生发音和语调，帮助学生理解课文故事。

2. 边听边看，让学生一边看课本上的图画，一边听录音。

3. 分角色朗读，帮助学生完全理解课文内容。

4. 表演、复述课文，帮助学生熟悉课文内容。教师可给予提示，如“谁先猜对田老师的问题？男生猜对几个？女生猜对几个？”等。

5. 听后重复，选择关键句，听过后，要求学生重复所听到的句子。

6. 课文再现，让学生先分组练习，然后选择小组代表以表演形式再现课文内容。

7. 听句子，标一标 《活动手册》第 73 页

根据录音中听到的句子顺序，在所给图片中标出序号。

教师可以把这个练习与“听后重复”结合起来，在学生听完每个句子后进行重复。

8. 正反问提问接龙

全班学生用传递式提问的方式进行连环正反问问答游戏，练习和巩固正反疑问句的问法和答法。教师可以给出一个或几个例句，如“你忙不忙？”“你明白不明白？”等，前一个学生问，后一个学生答，以此类推。

教师可以用快速接龙的方式进行这个活动。要求学生迅速进行作答，且前一名同学与后一名同学不能都使用肯定答句或否定答句。

9. 描述图画

通过描述情境练习和理解带“着”的存现句的用法。

教师可以事先准备几幅国画和几幅内容较简单的书法作品。在课上，教师可以逐一展示给学生，向学生提问，如“上面画着什么？”“上面写着什么？”，并要求学生用带“着”的存现句进行回答。

10. 看动作，说句子

熟悉和巩固“主语 + 把 + 宾语 + 动词 + 到 + 处所”这一句式的用法。

教师事先准备一些写有动作的卡片，如“把书放到桌子上”“把卡片挂到墙上”等等。活动时，教师自己或请学生上台表演动作，其他学生在台下用“A 把 B+V+ 到 C”说句子。

11. 读问题，说答案 《活动手册》第 74 页

练习和巩固正反疑问句及是非问句“V 了吗？”“V 了没有？”的问法及答法。

12. 读读写写（1） 《活动手册》第 76 页

把所给生词填入文中，综合练习本课的生词和语法点。

13. 看看说说 《活动手册》第 76 页

训练学生对某人或某事进行赞扬的交际能力。

14. 看图讲故事 《活动手册》第 77 页

根据课文内容，把图片按照正确的顺序排列，并进行复述或表演，进一步熟悉课文内容，掌握课文中涉及的交际任务。

这个活动可以与前面的“表演、复述课文”结合起来。教师可以先让学生做“看图讲故事”这个活动，让学生理清课文中故事发生的顺序，然后让学生在图片的提示和帮助下进行复述，并分组按角色表演。教师还可以把这个活动全部安排成小组练习，如先分小组讨论图片顺序，图片所对应的课文内容，然后分小组汇报讨论结果。

（四）交际与综合运用

1. 猜猜说说 《活动手册》第 75 页

让学生在复述课文内容的基础上完成课文中没有提到答案的三个字谜，对本课内

容进行扩展。这三个字谜的答案分别是：心爱、田中、田歌。

教学提示

教师可以仿照课文中的游戏方法，用同样的猜字游戏请学生猜名字，并解释原因。此外，教师还可以利用本班学生的中文名字，设计一些卡片，请学生猜测并解释原因，既活跃课堂气氛，还可以让学生们对自己的和其他同学的中文名字更加熟悉。

2. 读读写写（2）《活动手册》第 78 页

请学生根据所学汉字的意义和结构，编写 3 至 5 个字谜。

教学提示

这个活动可留做家庭作业。教师在留作业时可以先让学生们一起回忆一下学过的汉字以及汉字的基本笔画、结构，帮助学生顺利地设计字谜。为了避免学生们都选择同样的汉字，教师可以给学生分组，每组负责一定数量的汉字。

3. 唱一唱 《活动手册》第 79 页

学唱歌曲《猜字谜》。

教学提示

歌曲学唱和练唱过程中可以采用集体唱、男女生分组唱、二人唱、接力唱等灵活形式。

（五）写汉字 《活动手册》第 69 页

教师还可以通过以下方法培养学生对汉字的亲切感，帮助学生提高汉字认读能力。

1. 偏旁猜字

本课着重注意“讲”字的形旁和声旁分析。教师可以列出一些带有同样形旁的汉字，如“诉、请、话”等字，让学生认读或猜读。

2. 组字游戏

提供一些汉字给学生认读，让学生给每个字添上一笔，使其成为另一个字。

如：王　从　几　牛　古　火

（六）《活动手册》参考答案

贴贴读读

比赛，队，队，张，错，明白，开始

看看连连

加	减
黑板	排队
挂	旧

看看连连

句子	sentence
讨论	to discuss
或者	or
告诉	to tell
一共	in total
准备	to prepare
容易	easy

听句子，标一标

4	3
5	2
1	6

读问题，说答案

同意！

听明白了！

听清楚了！

我知道了。

猜猜说说

一日里→这个字是田。因为把一放在日的里面，就是田。

一＋｜→这个字是田中。因为“十”在“田”的中间。

这个字是贝，因为“贵”，“中国的一个宝贝”。

这是汤姆的名字。因为“汤姆不要汤”。

这是心爱的名字，因为树上有心形图案。

这是田中的名字，因为人在田地的中间。

这是田歌的名字，因为鸟儿在田野上唱歌。

读读写写

排队，或者，着，把，挂，一共

看看说说

2. 李心爱的新衣服好看极了！

3. 这次考试容易极了！

看图讲故事

正确的顺序：D　F　B　E　A　C

四　教学难点和重点　Difficulty Points

1. 存现句“动词＋着”

“动词＋着”，在存现句中表示“存在，有”，而不是动作的进行体。如：

黑板上写着汉字。——老师正在黑板上写着汉字。（动作的进行体是老师而不是黑板）

本子上画着画儿。——他正在本子上画着。（动作的进行体是他而不是本子）

教学提示　同样是动词后面加“着”，在存现句中的意义和动作进行的意义不同，教师可以让学生说出互相对照的句子来体会。

2. 正反疑问句

正反疑问句主要是由谓语的肯定形式和否定形式并列起来构成的，由回答的人选择其中一个作为答话。如：

他同意不同意？——他同意。/ 他不同意。

贝贝明白不明白？——贝贝明白。/ 贝贝不明白。

3. 是非疑问句“V 了吗？”和“V 了没有？”

主要询问事件的“是”或者“不是”，以求听话人针对整个句子询问的事件做出肯定或否定的回答。如：

和子听清楚了吗？——和子听清楚了。/ 和子没听清楚。

你听明白了没有？——我听明白了。/ 我没听明白。

本课涉及的正反疑问句带有“了”，带有完成的意义，因此在作否定回答时要用“没”或“没有”。

4. 把字句：主语 + 把 + 宾语 + 动词 + 到 + 处所

把字句，是汉语中的一种主动式动词谓语句。在这种句式中，动词所表示的动作对宾语做出了“处置”，例如使其位置或状态改变。本课的把字句主要表达主语将某物移动到某处，使其位置发生改变。如：

田老师把卡片挂到黑板上。

心爱把书放到桌子上。

五 文化知识 Culture Highlights

汉字字谜

字谜，是根据汉字形体和组合特点创造的文字游戏。一般针对单个汉字，描述汉字部件的组合、偏旁部首的搭配，或者从意义上进行简短而巧妙的描述，趣味盎然。猜字谜是中国传统语言文化的特有现象，也是童蒙汉字教育的重要方式。元宵节传统习俗中的灯谜，大部分都是字谜。字谜可以帮助学习汉语的外国人更好地了解汉字形体。如“山上有山（出）”“十八公（松）”“鸟落山头不见脚，四处皆水无处找（岛）”。

教师可以搜集一些难度不大的汉字字谜，作为课后任务布置给学生，下次上课时再公布正确答案。

六 一课一测 Assessment

（一）听力 Listening

听句子，选择正确的图片。

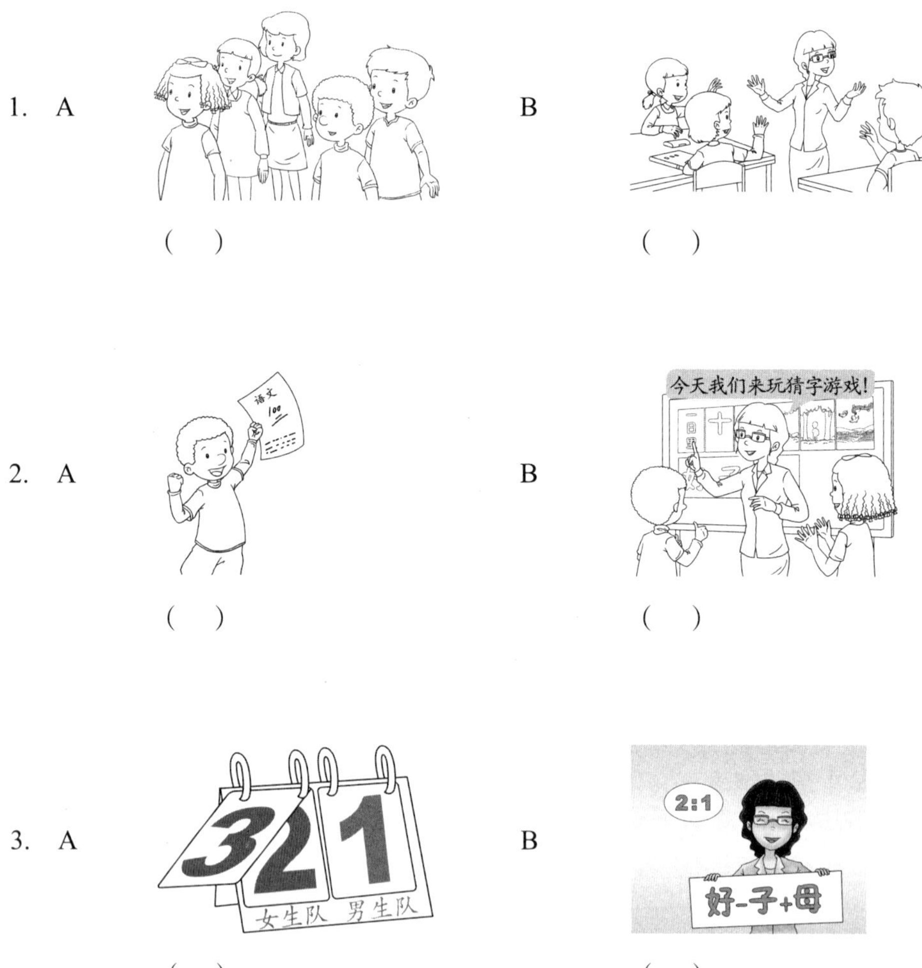

（二）阅读 Reading

选择和图对应的句子。

1. 

A 我们要考试了。

B 这个字你们认识吗？

C 我们来猜字谜，同意不同意？

2. 

A 这张卡片上写着一个汉字。

B 这张卡片上写着三个汉字。

C 这张卡片上写着很多汉字。

3. 

A “贵”是汤姆的名字。

B “贵”是王贝贝的名字。

C “好－子＋母”是王贝贝的名字。

（三）书写 Writing

1. 排序成句。

（1）同意　你们　同意　不？

________________________________？

（2）卡片　画　画儿　着　上。

________________________________。

2. 句中填字。

（1）你猜（　）了，不是那个字。

（2）太难了，告（　）我们吧。

（四）会话 Speaking

1. 两人一组，互相提问课文中出现的字谜。
2. 两人一组，根据对方的汉字名字编写字谜并互相提问。

“一课一测”参考答案

（一）听力

1.A　2.B　3.A

听力材料：

1. 男生一队，女生一队，两个队来比赛。
2. 今天的汉字课我们玩猜字游戏。
3. 女生队比男生队多得两分。

（二）阅读

1.C　2.B　3.B

（三）书写

1. 排序成句。

（1）你们同意不同意？

（2）卡片上画着画儿。

2. 句中填字。

（1）错

（2）诉

第九课　教室的窗户被打破了

一 课文背景 Text Background

汤姆在校园里踢足球的时候，不小心把教室的窗户打破了。第二天他担心老师批评请了病假，但最后还是鼓起勇气来到学校，承认错误。

二 教学目标 Lesson Objectives

1. 学会与说明、推测发生的事情相关的词语

名词：窗户、肚子、校园、孩子、下午（外）、刚才

动词：破、醒、发烧、小心、害怕、生气、应该、以为

形容词：厉害、勇敢、诚实（外）

副词：大概

连词：如果、那么

介词：被

2. 掌握如下语言点，能够说明情况并推测事情原委

（1）被动句　　（2）如果……那么……　　（3）大概

3. 学会汉字：小　大　肚　被　校　怕　破

4. 了解文化知识：中国的诚信传统

三 教学步骤与活动建议 Suggested Teaching Process & Activities

（一）教学内容导入（可参考如下方法导入）

1. 通过提问导入

可以根据课文内容，向学生提出一些相关问题，如“Tom 为什么没来学校？”“Tom 病了吗？”等，提起学生的兴趣，引入本课内容。

2. 通过介绍本课学习任务导入

向学生阐明本课的学习任务，尤其是说明情况，并推测事实等交际任务。

3. 通过语法知识的介绍导入

本课的语法重点是被字句，教师可用一系列的被字句作为开场白，如“书被我落在车上了。”“窗户被谁关上了？”等。以此引起学生对被字句的注意，自然导出被字句的教学目标。

（二）生词讲练

1. 领读生词

第一遍只读生词，第二遍和第三遍可以增加一个领读环节，将生词扩展成课文中的短语或句子，并注意纠正学生发音。

2. 词卡游戏

用卡片和图片带学生熟悉和练习生词（可参考附录《课堂活动方法》“词语的练习方法”中“图片 / 卡片法”）。

3. 快速找词

先把生词做成课本一样大小的卡片，上面只写汉字；贴在白板上，或是摆放在地上。教师选两位同学来竞赛，教师说出某个生词，最快找到的人可以赢得卡片继续留在游戏中。输者会失去找词的权利，但必须为下一轮的找词竞赛读词。最终拿到卡片最多的人获胜。

这个活动中赢者继续找词，输者需要读词。每一轮都这样进行，保证每个学生都有认读汉字的练习机会。同时卡片上不再出现拼音，提升学生无拼音认读汉字的能力。教师需要根据学生人数多预备一些卡片，卡片上可以写生词，也可以写生词组成的短语。

4. 抽词组句

教师事先准备好词卡，上面写有本课目标词语。全班分两组，每组各选一名学生到前面，各抽取一个词卡。 两位同学根据抽到的词语各自造句。成功造句的学生可以为自己的团队赢得 1 分，否则不计分。最终得分多的队获胜。

此活动目的在于创设较为活泼又具有竞争力的造句语境，鼓励学生语言输出。对于成功造句的判断标准不宜过严。

5. 看看贴贴 《活动手册》第 80 页

把所给生词贴在图中相应位置上，熟悉本课生词的意义。

6. 看看连连（1） 《活动手册》第 81 页

把所给生词及其拼音与相应的图片连起来，熟悉本课生词的读音、写法和在具体情境中的用法。

7. 看看连连（2） 《活动手册》第 82 页

把所给生词及其拼音与相应的英文翻译连起来，熟悉生词的写法、读音和意义。

这个活动中涉及的生词都是与本课交际任务、说明和推测事实直接相关的。教师可以利用这一活动，要求学生看词造句，初步训练交际能力。

（三）课文和语法讲练

1. 领读课文，注意纠正学生发音和语调，帮助学生理解课文故事。

2. 边听边看，让学生一边看课本上的图画，一边听录音。

3. 分角色朗读，帮助学生完全理解课文内容。

4. 看课文听录音，让学生一边看课文文本，一边听录音。

5. 表演、复述课文，帮助学生熟悉课文内容。教师可给予提示，如“Tom 为什么说他病了？田老师生气了没有？”等。

6. 听后重复，教师选择一些关键的句子给学生放录音，在学生们听过后要求他们重复所听到的句子，教师可以根据学生水平选择放一遍或是多遍录音。

7. 课文再现，让学生先分组练习，然后选择小组代表以表演形式再现课文内容。

8. 听句子，标一标，连一连 《活动手册》第 83 页

把听到的句子和相应的图片连起来。

教师可以把这个练习与“听后重复”结合起来，在学生听完每个句子后进行重复。如果时间充裕，学生还可以根据图片和句子的顺序进行简单的复述。

9. 看看说说（1） 《活动手册》第 85 页

用所学生词和短句补全句子，综合练习本课涉及的语法项目和关键句子。

10. 我说你做

全班学生两人一组，练习被字句的理解和输出。一人用被字句造句，另一人用行动表演这个句子所表达的情况。如，一个学生说“水被我喝掉了”，另一个学生要模拟出喝水的场景。

这个活动涉及了造句子的环节，学生可能不能立刻造出句子，而需要一定时间去准备。因此，教师可以在活动前先给出两三个例句，然后给学生 3 到 5 分钟的时间进行思考，甚至把句子写下来，然后再进行活动。

11. 我说你接

全班学生两人一组。一人用“如果”说出表示假设的上句，另一人用“那么”接下句，说出假设成立的话会怎样。比如，一个学生可以说“如果今天下雨”，下一个学生可以说“那么出门要带雨具”等。练习后可以全班分为两组进行比赛，看哪一组能够顺利说出更多的下句。

12. 看看说说（2）《活动手册》第 86 页

根据图片内容，用“如果……那么……”完成对话。帮助学生理解和掌握这一假设复句在情境中的用法。

13. 读问题，说答案 《活动手册》第 84 页

复习和巩固带有“了”的问句的答法。

由于带“了”的问句回答方法相对复杂，一些学生可能会避重就轻，用“下午”“是的”等进行简单做答。教师要肯定学生们的这种答法是正确的，同时可以要求学生给出完整的答句，由教师评析。

14. 读读写写（1）《活动手册》第 86 页

综合训练说明做事情时间顺序的交际任务，并熟悉课文内容。

15. 看图讲故事 《活动手册》第 87 页

根据课文内容，把图片按照正确的顺序排列，并进行复述或表演，进一步熟悉课文内容，掌握课文中涉及的交际任务。

教学提示

这个活动可以与前面的“表演、复述课文”结合起来。教师可以先让学生做“看图讲故事”这个活动，让学生理清课文中故事发生的顺序，然后让学生在图片的提示和帮助下进行复述，并分组按角色表演。教师还可以把这个活动全部安排成小组练习，如先分小组讨论图片顺序，图片所对应的课文内容，然后分小组汇报讨论结果。

（四）交际与综合运用

1. 读一读 《活动手册》第 89 页

小诗《窗户被谁打破了？》

教学提示

教师可以把这首小诗用于训练学生口语的流利度。这则小诗句子短，朗朗上口，学生很容易快速掌握。教师可以通过快说、背诵等方式，要求学生流利地说出或背诵这首小诗，培养汉语的语流和语感。

2. 读读写写（2） 《活动手册》第 88 页

运用本课所学的生词和语法知识，写出自己做过的一件错事及处理方式。

教学提示

这个活动与其他课时的“读读写写”不同，因为涉及了学生可能感到羞愧的事情，因此，建议教师慎重地进行本次活动，以留家庭作业为优。如果认为有必要在课上分享，则需征得学生的同意。

（五）写汉字 《活动手册》第 88 页

教师还可以通过以下方法培养学生对汉字的亲切感，帮助学生提高汉字认读能力。

1. 偏旁猜字

本课着重注意“被”字的形旁和声旁分析。教师可以列出一些带有同样形旁的汉字，如“裙、裤、袜”等字，让学生认读或猜读。

2. 猜字游戏

提供一些汉字谜让学生猜。

如：一月一日（明）　你是我心上人（您）　百里挑一（白）　抹去泪水（目）

（六）《活动手册》参考答案

看看贴贴

外面刮大风了。　　窗户被打破了。

汤姆睡醒了。　　汤姆突然肚子疼。

汤姆发烧了。　　田老师会生气吗？

看看连连

勇敢　　害怕

孩子　　破门

校园　　下午

小心

看看连连

刚才　just now

如果　if

那么　then

应该　should; have to

以为　think; conceive

听句子，标一标，连一连

按照图片从上到下的顺序：

1. 窗户关着呢。

5. 窗户被风刮开了。

4. 窗户被打破了。

2. 汤姆给李心爱打电话。

3. 汤姆把球踢到了窗户上。

读问题，说答案

汤姆打电话说他生病了，今天不能来学校。

昨天下午。

他没有生病。

看看说说

1. 如果你生病了，那么应该在家里休息！

2. 刮风了，我们应该关窗户！

3. 这个足球大概97元人民币！

4. 如果你真的做错了，那么应该马上告诉老师！

5. 这是“6”吗？我以为是9！

6. 今天他没来上课，大概生病了。

读读写写

被，着，下午，到，以为，勇敢

看看说说

汤姆：林达，今天早上醒来，我突然肚子疼得厉害，还有点儿发烧。

林达：生病了就应该在家休息。

贝贝他们坐地铁来到了颐和园的北门，而同学们和老师约定在颐和园东门口见面，他们大概要迟到了。

看图讲故事

正确的顺序：B E F D C A

四 教学难点和重点 Difficulty Points

1. 被字句

“被+动词+动作的结果或事物的状态+了”是汉语中明显表示被动意义的句式。可以与把字句进行互换练习。如：

风把窗户吹开了。——窗户被风吹开了。

贝贝把饺子吃完了。——饺子被贝贝吃完了。

教学提示

（1）把字句和被字句中动词短语的部分是保持一致的，这一点和英语不同。在汉语被字句中被动的意义不需要用动词的被动式来表示，是依靠介词“被”和词序来表达的。

（2）与把字句类似，被字句中的动词或动词短语也必须是处置性的，一些非动作性动词或有些趋向动词、心理活动动词，就不能用于被字句。例如不能说“书被我们有了”“北京被他去了”。

2. 如果……那么……

关联词语“如果……那么……”连接假设关系的复句。“如果”后面承接的分句假设存在或出现了某种情况；“那么”后面的分句说明由这种假设的情况产生的结果。如：

如果贝贝去图书馆，那么我去那里找他。

如果今天不下大雨，那么公园应该开门。

3. 大概

语气副词“大概”在句中做状语，表示对数量、时间等进行不很精确的估计或对情况加以推测。如：

窗户开了，大概是被风刮的。

和子没来上课，大概是病了。

五 文化知识 Culture Highlights

中国的诚信传统

中国自古以“礼仪之邦”闻名于世，非常重视诚信。两千多年前，孔子就主张“言必信，行必果”，意思是：说话要守信用，行动要有结果。汉语中有许多和诚信相关的成语和俗语，如“一诺千金”“一言九鼎”“一言既出，驷马难追”等。

教学提示

可以让学生在课后搜集一些中国传统的诚信小故事，在课堂上一起分享，更多地了解中国文化，同时训练口语表达能力。教师在布置任务时要注意规定学生展示的时间，还可以给学生提供一些资源，方便学生查找。学生可以单独做这个活动，也可分组找材料。

六 一课一测 Assessment

（一）听力 Listening

听句子，选择正确的图片。

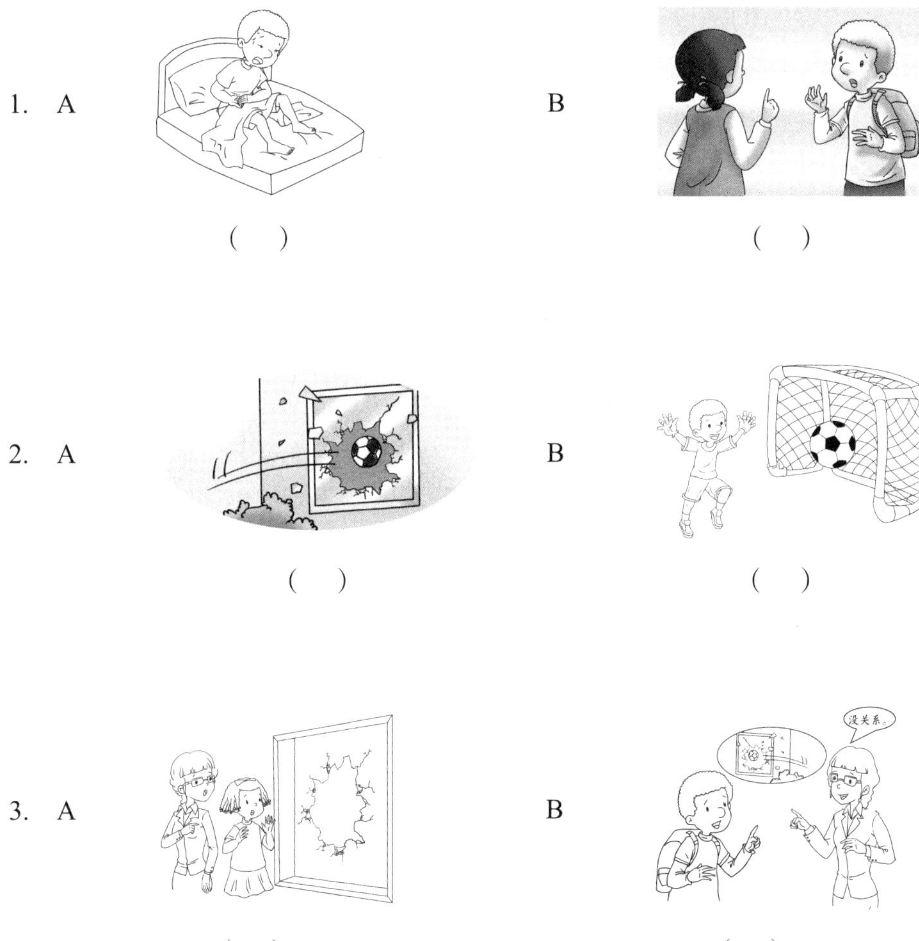

（二）阅读　Reading

选择和图对应的句子。

1. 

A 老师，我病了。

B 对不起，老师，窗户是被我打碎的。

C 老师，我感冒了。

2. 

A 大概是昨天晚上下大雨，窗户被打碎了。

B 大概是昨天晚上刮大风，窗户被吹开了。

C 大概是昨天晚上有人把窗户打碎了。

3. 

A 如果你不去上学，那么就应该去踢球。

B 如果你不去踢球，那么就应该去上学。

C 如果你不舒服，那么就应该在家里休息。

（三）书写　Writing

1. 排序成句。

（1）大概　窗户　人　被　打　破　是　的。

______________________________。

（2）汤姆　被　害怕　说　老师。

______________________________。

2. 句中填字。

（1）窗户（　）球打破了。

（2）我突然（　）子疼，还有点儿发烧。

（四）会话　Speaking

1. 分小组讨论，说一说自己有没有做错事情想撒谎的经历。

2. 讲一个关于诚信的故事。

“一课一测”参考答案

（一）听力

1.A　2.A　3.B

听力材料：

1. 汤姆早上醒来，突然肚子疼得很厉害。

2. 窗户被球打碎了。

3. 田老师没有生气。

（二）阅读

1.B　2.B　3.C

（三）书写

1. 排序成句。

（1）窗户大概是被人打破的。

（2）汤姆害怕被老师说。

2. 句中填字。

（1）被

（2）肚

第十课　不怕慢，就怕站

一 课文背景　Text Background

贝贝的爷爷参加了“九九”爬山比赛，得了第十名。他成了名人，接受了电视台记者的采访。

二 教学目标　Lesson Objectives

1. 学会与谈论生活习惯、讲述事情过程相关的词语

名词：周末、报纸、杂志、邻居、习惯、脸、刻、电梯、楼、附近、功夫、新闻、儿子、孙子、工作、生活

动词：参加、爬山、祝贺、刷牙、锻炼、住、散步、坚持、上班、停、必须、站、怕、早起（内）

形容词：健康、有名、老、年轻、紧张

副词：特别

连词：无论（外）

助词：地

量词：层

2. 掌握如下语言点，能够谈论和讲述生活习惯和具体的事情

（1）无论……都……　　（2）动词重叠　　（3）必须

3. 学会汉字：上　工　有　站　班　孙

4. 了解文化知识：九九重阳节

三 教学步骤与活动建议 Suggested Teaching Process & Activities

（一）教学内容导入（可参考如下方法导入）

1. 通过提问导入

可以根据课文内容，向学生提一些相关的问题，如“贝贝的爷爷为什么上报纸了？”“王爷爷平时怎么锻炼？”等，引起学生的兴趣，鼓励学生进一步阅读课文内容。

2. 通过介绍本课学习任务导入

向学生阐明本课的学习任务，尤其是谈论生活习惯的交际任务。

3. 通过谈论日常生活导入

可把介绍自己的日常生活习惯作为开场白，并延伸至健身话题。教师讲述后询问同学们的生活习惯或健身情况。这样的导入方法还可以拉近师生距离，创造更为融洽的课堂环境。

（二）生词讲练

1. 领读生词

第一遍只读生词，第二遍和第三遍可以增加一个领读环节，将生词扩展成课文中的短语或句子，并注意纠正学生发音。

2. 词卡游戏

用卡片和图片带学生熟悉和练习生词（可参考附录《课堂活动方法》“词语的练习方法”中“图片 / 卡片法”）。

3. 抢牌游戏

先把生词做成扑克牌大小的卡片，一面写拼音，一面写汉字；把学生分成两个组，围成圆圈。所有的牌都拼音朝上，放在桌上或地上。教师说出某个生词，快速找到的人可以赢得卡片，拿到卡片最多的人或队获胜（方法见附录《课堂活动方法》）。

4. 猜词游戏

全班分两组，每组各选一名学生到前面，背对黑板，面向其他学生。教师在黑板上写一个生词，本组同学用解释或造句等各种方法，提示前面的同学，使他猜出老师写的生词。猜对的人得分，得分多的队获胜（方法见附录《课堂活动方法》）。

5. 快速找词

先把生词做成课本一样大小的卡片，上面只写汉字；贴在白板上，或是摆放在地上。教师选两位同学来竞赛，教师说出某个生词，最快找到的人可以赢得卡片继续留在游戏中。输者会失去找词的权利，但必须为下一轮的找词竞赛读词。最终拿到卡片最多的人获胜。

这个活动中赢者继续找词，输者需要读词。每一轮都这样进行，保证每个学生都有认读汉字的练习机会。同时卡片上不再出现拼音，提升学生无拼音认读汉字的能力。教师需要根据学生人数多预备一些卡片，卡片上可以写生词，也可以写生词组成的短语。

6. 看时间说习惯

教师事先准备好词卡，上面写有“早上”“中午”“下午”“傍晚”等时间词，或者写出具体的时刻如“早上八点”也可。全班分两组，每组各选一名学生到前面，各抽取一个词卡。两位同学根据抽到的时间词语说出在相应的时间段或时刻习惯做什么。成功说出的学生可以为自己的团队赢得1分，否则不计分。最终得分多的队获胜。

此活动目的在于创设较为活泼又具有竞争力的造句语境，鼓励学生语言输出。对于成功造句的判断标准不宜过严。

7. 看看连连（1）《活动手册》第91页

把所给生词及其拼音与相应的图片连起来，熟悉本课生词的读音、写法和在具体情境中的用法。

8. 看看连连（2）《活动手册》第92页

把本课所学的生词及其拼音与英文译意连起来。

在做“看看连连”时，教师可以先请学生把生词和图片、英文连起来，然后再进行领读、请学生逐一朗读，进一步练习和巩固生词的读音。

9. 看图说话 《活动手册》第90页

用本课所学的表示动作的词语看图说话。练习和理解表示动作的词和短语在句子和情境中的用法，提高口语表达能力。

（三）课文和语法讲练

1. 领读课文，注意纠正学生发音和语调，帮助学生理解课文故事。

2. 边听边看，让学生一边看课本上的图画，一边听录音。

3. 分角色朗读，帮助学生完全理解课文内容。

4. 看课文听录音，让学生一边看课文文本，一边听录音。

5. 表演、复述课文，帮助学生熟悉课文内容。教师可给予提示，如“王爷爷平时怎么锻炼身体？王爷爷参加了什么比赛？”等。

6. 读问题，说答案 《活动手册》第 94 页

根据所给问题按照课文内容作出回答。

这个活动可以与课文复述结合起来。活动中给出的三个问题都是课文中采访这一部分的关键问题，教师可以利用这三个问题作为梳理课文的一条线索。教师还可以要求学生分角色练习这部分问答，一人为主持人，一人为王爷爷，然后轮换。

7. 听后重复，教师选择一些关键的句子给学生放录音，在学生们听过后要求他们重复所听到的句子。教师可以根据学生水平选择放一遍或多遍录音。

8. 课文再现，让学生先分组练习，然后选择小组代表以表演形式再现课文内容。

9. 听句子，标一标，连一连 《活动手册》第 93 页

把听到的句子和相应的图片连起来。

教师可以把这个练习与“听后重复”结合起来，在学生听完每个句子后进行重复。如果时间充裕，学生还可以根据图片和句子的顺序进行简单的复述。

10. 我说你接

练习和熟悉“无论……都……”的意义和用法。全班学生两人一组。一人用“无论”说出上句，另一人用“都”接下句。练习后可以全班分为两组进行比赛，看哪一组能够顺利说出更多的下句。

11. 看看说说（1） 《活动手册》第 95 页

根据括号中的提示补全句子，练习和巩固“无论……都……”的意义和在情境中的用法。

12. 看看说说（2）《活动手册》第 96 页

练习和熟悉动词重叠适用的情景和在句中的用法。

13. 你有什么习惯？

练习和巩固动词重叠的意义和用法。

教师可向学生提问“你平时经常做些什么？”“你周末喜欢做些什么？”引导学生用动词重叠的形式做出回答，如：“我经常游游泳，散散步。”“我周末喜欢听听歌，看看电影。”教师还可以板书问题，请学生们自编对话，要求使用动词的重叠形式。

14. 读读写写（1）《活动手册》第 96 页

综合训练谈论做事和生活习惯的交际任务，并熟悉课文内容。

15. 看图讲故事《活动手册》第 97 页

根据课文内容，把图片按照正确的顺序排列，并进行复述或表演，进一步熟悉课文内容，掌握课文中涉及的交际任务。

这个活动可以与前面的“表演、复述课文”结合起来。教师可以先让学生做“看图讲故事”这个活动，让学生理清课文中故事发生的顺序，然后让学生在图片的提示和帮助下进行复述，并分组按角色表演。教师还可以把这个活动全部安排成小组练习，如先分小组讨论图片顺序，图片所对应的课文内容，然后分小组汇报讨论结果。

（四）交际与综合运用

1. 找习惯相同的人

综合练习本课的交际任务。全班学生按照教师给出的时间词语说出自己的习惯，有相同习惯的人结为一组。比如，教师可以列一个时间表：早上六点、上午十点、下午三点、晚上六点等。为了让学生使用本课句型，教师可以板书例句：“我习惯早上六点起床。”每一个时间点为一个小节，学生们依次根据本节的时间点说出自己的习惯，习惯相同的人结为一组。在第一节结成的组内，继续按照第二节的时间点说出习惯，几个回合之后，看看有哪些人仍然留在同一组。

2. 读读写写（2）《活动手册》第 98 页

综合运用本课学过的生词和语法点，写出一些自己认为有效的锻炼方法。

这个活动还可以用作口语练习。教师可以把写作的任务留作家庭作业，然后让学生下一节课带到课堂上来。在课上，可要求学生根据自己写的内容，向邻座的同学讲述自己的锻炼方式，提高口语交际的能力。教师还可以选几个学生，或请学生自愿上台演讲。教师还可根据学生的水平要求他们尝试复述他人的锻炼方式。

3. 唱一唱 《活动手册》第 99 页

歌曲《新健康歌》。

歌曲学唱和练唱过程中可以采用集体唱、男女生分组唱、二人唱、接力唱等灵活形式。

（五）写汉字 《活动手册》第 98 页

教师还可以通过以下方法培养学生对汉字的亲切感，帮助学生提高汉字认读能力。

实景识字

本课着重注意“站”字的形旁和声旁分析。可以准备一些生活中带有“站”字的真实标识，如公交车站、火车站等，让学生认读。

（六）《活动手册》参考答案

看看连连

老　　邻居
年轻　　记者
工作　　杂志
周末　　锻炼
功夫　　报纸

看看连连

take part in　　参加
whatever　　无论
success　　成功
sometimes　　有时候

around　　　　附近

be accustomed to　　习惯

to stick to do　　坚持

be healthy　　健康

听句子，标一标，连一连

按照图片从上到下的顺序：

2. 我一边听新闻，一边散步。

5. 王爷爷上电视了。

1. 我家住十层。

3. 王爷爷在公园练习中国功夫。

4. 心爱每天坚持练习钢琴。

读问题，说答案

79 岁了。老了，但是我的心很年轻。

我习惯早起，无论春夏秋冬，都五点起床。洗脸刷牙后，五点一刻，一定准时出去锻炼。我家住十层，我不坐电梯，经常走着上下楼。

我家附近有个公园，以前我经常在那儿跑步或者练习中国功夫，现在老了，经常一边听新闻，一边散步。有时候周末和儿子、孙子一起去爬爬山。

看看说说

2. 无论星期几，李心爱都练钢琴。

3. 无论多冷，爷爷都五点起床锻炼。

4. 无论多忙，妈妈都做饭。

5. 无论多害怕，我们都要诚实。

读读写写

有名，一直，一定，经常，有时候，就，都

看看说说

放学后，我经常看看电视，写写作业。

周末我喜欢跑跑步，爬爬山。

看图讲故事

正确的顺序：F　E　A　D　C　B

四 教学难点和重点 Difficulty Points

1. 无论……都……

这是一组表示条件关系的关联词语，“无论”的后面出现各种条件，这里的条件可以是真实的，也可以是假设的；“都”的后面说明结果。结果其实是完全无条件的，也就是前面出现的任何条件都不会影响这个结果。例如：

无论刮风还是下雨，他都会很早去跑步。

无论发生什么事，我都是你坚强的后盾。

教学提示

提醒学生在使用“无论……都……”的时候，实际上是在强调“都”后面出现的结果，前面的条件对这个结果是没有影响力的。因此这一组关联词语常用来表达坚定的决心和不会动摇的决定。

2. 动词的重叠

本课所学的动词重叠是一种较为特殊的形式，即在离合词和动词短语中的重叠，其重叠的形式是AAB。离合词和动词短语在重叠时只能重叠前面的动词性语素，如“见见面、洗洗澡、睡睡觉、散散步、理理发、帮帮忙、跳跳舞、唱唱歌”等，表示语气轻缓、委婉。

五 文化知识 Culture Highlights

九九重阳节

每年农历九月初九日是中国传统节日重阳节，这个节日又被叫作“重九节”“踏秋节”。传统习俗有出游赏秋、登高望远、观赏菊花、吃重阳糕、饮菊花酒等。自1989年起，中国政府将九九重阳节定为“老人节”，传承敬老、爱老的传统。课文中贝贝的爷爷所参加的登山比赛，正是同时体现了重阳节登高望远的习俗和老人节的当代节日主题。

教学提示

教师可以让学生在课后搜集有关重阳节的习俗图片，在课堂上分享。

六 一课一测 Assessment

（一）听力 Listening

听句子，选择正确的图片。

1. A（ ） B（ ）

2. A（ ） B（ ）

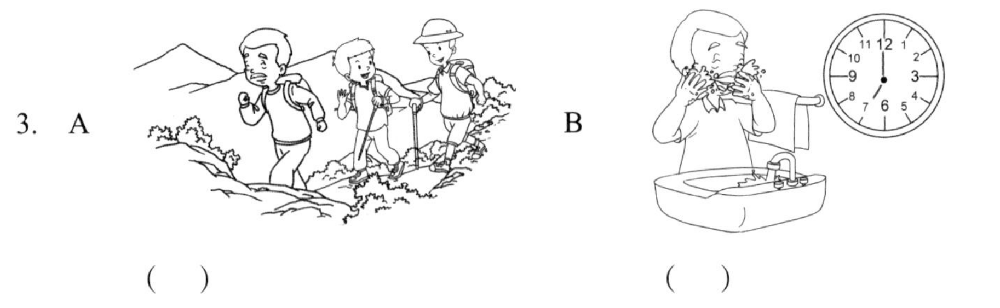

3. A（ ） B（ ）

（二）阅读　Reading

选择和图对应的句子。

1. 

A 这次比赛中年轻人爬得很快。

B 这次比赛中很多年轻人没有贝贝的爷爷爬得快。

C 这次比赛中贝贝的爷爷累了就停下来。

2. 

A 贝贝的爷爷不习惯早起，无论春夏秋冬，都十点起床。

B 贝贝的爷爷习惯早起，无论春夏秋冬，都五点一刻起床。

C 贝贝的爷爷习惯早起，无论春夏秋冬，都七点起床。

3. 

A 贝贝的爷爷上电视了。

B 贝贝的爷爷上健康杂志了。

C 贝贝的爷爷上报纸了。

（三）书写　Writing

1. 排序成句。

（1）做　什么　坚持　必须　都　无论。

________________________________。

（2）站　怕　就　不　慢　怕。

________________________________。

2. 句中填字。

（1）现在爷爷（　）名了。

（2）贝贝是王爷爷的（　）子。

（四）会话　Speaking

1. 分小组讨论，说一说自己对九九重阳节的了解。

2. 说一说你最喜欢的健身项目。

“一课一测”参考答案

（一）听力

1.B　2.A　3.A

听力材料：

1. 快来看！王爷爷上电视了。

2. 我不坐电梯，经常走着上下楼。

3. 周末我喜欢和孙子一起去爬爬山。

（二）阅读

1.B　2.C　3.A

（三）书写

1. 排序成句。

（1）无论做什么都必须坚持。

（2）不怕慢就怕站。

2. 句中填字。

（1）有

（2）孙

第十一课　爸爸请客

一　课文背景　Text Background

为了祝贺爷爷爬山和贝贝考试取得好成绩，贝贝的爸爸要请全家和贝贝的朋友们一起去餐馆吃饭。可是，到了吃饭的时间，贝贝的爸爸妈妈却都还有工作要做，没办法回来。

二　教学目标　Lesson Objectives

1. 学会与谈论饮食和计划相关的词语

名词：成绩、烤鸭、羊肉、川菜（外）、寒假、冰箱、西红柿、饼干、冰激凌、服务员、筷子、饮料、事（内）、火山（外）、可乐（外）

动词：担心、照顾、取得（外）、请客、开会、下班、响、尝、病、干杯、渴、接

形容词：危险、幸福（外）、晚（内）、辣

副词：可能、已经、够

连词：为了

量词：双

2. 掌握如下语言点，能够讨论饮食和商量做事的计划

（1）多……少……　　（2）为了　　（3）兼语句 2

3. 学会汉字：冰　请　羊　肉　病　渴　晚　下

4. 了解文化知识：中国的菜系

三　教学步骤与活动建议　Suggested Teaching Process & Activities

（一）教学内容导入（可参考如下方法导入）

1. 通过提问导入

可以根据课文内容，向学生提出一些相关问题，如“贝贝的爸爸请大家吃什

么？”“贝贝的爸爸妈妈回家吃饭了吗？”等，提起学生的兴趣，引入本课内容。

2. 通过介绍本课学习任务导入

向学生阐明本课的学习任务，尤其是谈论饮食和计划等交际任务。

3. 通过图片导入

可以在上课前准备一些中国的美食图片，引出学生们关于饮食话题的讨论。

（二）生词讲练

1. 领读生词

第一遍只读生词，第二遍和第三遍可以增加一个领读环节，将生词扩展成课文中的短语或句子，并注意纠正学生发音。

2. 词卡游戏

用卡片和图片带学生熟悉和练习生词（可参考附录《课堂活动方法》“词语的练习方法”中“图片 / 卡片法”）。

3. 抢牌游戏

先把生词做成扑克牌大小的卡片，一面写拼音，一面写汉字；把学生分成两个组，围成圆圈。所有的牌都拼音朝上，放在桌上或地上。教师说出某个生词，快速找到的人可以赢得卡片，拿到卡片最多的人或队获胜（方法见附录《课堂活动方法》）。

4. 快速找词

先把生词做成课本一样大小的卡片，上面只写汉字；贴在白板上，或是摆放在地上。教师选两位同学来竞赛，教师说出某个生词，最快找到的人可以赢得卡片继续留在游戏中。输者会失去找词的权利，但必须为下一轮的找词竞赛读词。最终拿到卡片最多的人获胜。

这个活动中赢者继续找词，输者需要读词。每一轮都这样进行，保证每个学生都有认读汉字的练习机会。同时卡片上不再出现拼音，提升学生无拼音认读汉字的能力。教师需要根据学生人数多预备一些卡片，卡片上可以写生词，也可以写生词组成的短语。

5. 看图片说美食

事先准备好食物图片，把学生分为两组竞赛。上面写有“烤鸭”“羊肉”“川菜”“冰激凌”等食物词，或者写出以前学过的饮食类名词也可。全班分两组，每组各选一名学生到前面，各抽取一张图片。两位同学根据抽到的图片说出食物名，成功说出的学生可以为自己的团队赢得 1 分，否则不计分。最终得分多的队获胜。

6. 看看贴贴 《活动手册》第 100 页

把所给生词贴在图中相应位置上，熟悉本课生词的意义。

7. 看看连连（1） 《活动手册》第 101 页

把所给生词及其拼音与相应的图片连起来，熟悉本课生词的读音、写法和在具体情境中的用法。

8. 看看连连（2） 《活动手册》第 102 页

把所给生词及其拼音与相应的英文翻译连起来，熟悉生词的写法、读音和意义。

这个活动中涉及的生词都是与本课交际任务，说明和推测事实直接相关的。教师可以利用这一活动，要求学生看词造句，初步训练交际能力。

（三）课文和语法讲练

1. 领读课文，注意纠正学生发音和语调，帮助学生理解课文故事。

2. 边听边看，让学生一边看课本上的图画，一边听录音。

3. 分角色朗读，帮助学生完全理解课文内容。

4. 表演、复述课文，帮助学生熟悉课文内容。教师可给予提示，如“贝贝的爸爸为什么请客？最后大家吃了些什么？”等。

5. 听后重复，选择一些关键的句子给学生放录音，在学生们听过后要求他们重复所听到的句子。教师可以根据学生水平选择放一遍或是多遍录音。

6. 课文再现，让学生先分组练习，然后选择小组代表以表演形式再现课文内容。

7. 读读连连 《活动手册》第 103 页

把课文中的句子和相应的图片连起来，熟悉课文内容。

教师可以利用本活动中的六个句子作为梳理课文内容的线索，帮助学生理清课文故事发生的顺序，并可以把这六个句子作为学生复述的纲要。

8. 看图讲故事 《活动手册》第 107 页

根据课文内容，把图片按照正确的顺序排列，并进行复述或表演，进一步熟悉课文内容，掌握课文中涉及的交际任务。

这个活动可以与前面的“表演、复述课文”结合起来。在刚开始学这一课时，学生可能由于不熟悉课文内容而对复述和表演感到困难。教师可以先让学生做“看图讲故事”这个活动，让学生理清课文中故事发生的顺序。然后让学生在图片的提示和帮助下进行复述，并分组按角色表演。教师还可以把这个活动全部安排成小组练习，如先分小组讨论图片顺序，图片所对应的课文内容，然后分小组汇报讨论结果。

9. 看看说说（1） 《活动手册》第 105 页

根据图片内容，使用学过的词语和短语补全所给的兼语句，理解和练习兼语句的构成和用法。

10. 听指令行动

练习和巩固兼语句的意义和用法。

全班同学进行说句子接龙。一名同学用“A 让 B 做某事”或“A 请 B 做某事”说出一个指令，要求后一名同学按指令行动。能够正确按照指令行动的同学获得发出指令的资格，句子接龙继续。不能完成者则被淘汰，由下一名同学完成该指令对应的行动。这个活动还可以两人一组进行。

11. 我说你接

全班学生两人一组。一人用“多……”说出上句，另一人用“少……”接下句。比如，一个学生说“多做事”，另一个学生可以接“少说话”。练习后可以全班分为两组进行比赛，看哪一组能够顺利说出更多的下句。比如，教师可以准备一些用“多……”的上句，请两组学生抢答下句，要求上下句有合理的语义联系。或者由两组同学选派代表轮换给出上句，然后让另一组学生在一定时间内接出语义合理、语法正确的下句。

12. 看看说说（2） 《活动手册》第 106 页

根据图片内容补全句子。理解和熟悉“多……少……”在句中和情景中的用法。

13. 读读写写（1） 《活动手册》第 106 页

综合训练描述事件的交际能力，并熟悉课文内容。

教师还可以利用这个活动训练学生总结文章大意的能力。

14. 读问题，说答案 《活动手册》第 104 页

根据所给问题按照课文内容做出回答。

这个活动中的问题不仅能够帮助学生梳理和熟悉课文内容，还能巩固和复习“为什么”和“什么”这两种问句的问法和答法。教师可在活动过程中带领学生复习学过的知识，帮助学生回忆和巩固这两种问句。

（四）交际与综合运用

1. 读读写写（2）《活动手册》第 108 页

综合运用本课学过的生词和语法点，介绍自己吃过的一道中国菜。

这个活动还可以用作口语练习。教师可以把写作的任务留作家庭作业，然后让学生下一节课带到课堂上来。在课上，可要求学生根据自己写的内容，向邻座的同学讲述自己吃过的中国菜，提高口语交际的能力。教师还可以选几个学生，或请学生自愿上台演讲。教师还可根据学生的水平要求他们尝试复述他人的描述。此外，如果条件允许，教师还可以鼓励大家去当地的中国餐馆品尝中国菜，并把自己在中国餐馆的就餐经历也记录下来，分享给大家。

2. 唱一唱《活动手册》第 109 页

歌曲《今天我请客》。

教师还可以让学生们根据自己吃过的中国菜，替换歌曲中的食物。

（五）写汉字《活动手册》第 108 页

教师还可以通过以下方法培养学生对汉字的亲切感，帮助学生提高汉字认读能力。

辨形识字

本课着重注意“冰”字的两点水和“渴”字的三点水的偏旁辨识。教师可以准备一些带有两点水的字和三点水的字，配合图片让学生认读。

（六）《活动手册》参考答案

看看贴贴

按照从左到右、从上到下的顺序对应的文字依次是：

杯子　　冰激凌　　可乐　　果汁　　饼干

烤鸭

饺子

筷子　　西红柿　　川菜　　羊肉

看看连连

冰箱　　辣

干杯　　开会

请客　　服务员

下班　　成绩

看看连连

in order to　　to take care of

to obtain　　probably

winter vacation　　be late

worry about　　to ring

thirsty　　already

读读连连

妈妈正在开会。　　爸爸正要下班。

来，我们干杯。　　六双筷子够了吗？

我要少吃肉，多吃菜。　　我们又饿又渴。

读问题，说答案

为了祝贺爷爷爬山、贝贝考试取得好成绩。

妈妈正在开会。

爸爸正要下班，突然送来一个病人，病得很厉害，虽然现在已经不危险了，但是他不能马上离开医院。

冰箱里有饺子，西红柿白糖，还有巧克力。

看看说说

2. 贝贝的爸爸让病人好好休息。

3. 爷爷让孩子们吃饺子。
4. 贝贝请朋友们吃饭。
5. 和子请同学们吃饼干。

读读写写

为了，要，可以，接，突然，可能

看看说说

2. 你应该少睡觉，多锻炼。
3. 你要少看电视，多练钢琴。

看图讲故事

正确的顺序：C A B D F E

四 教学难点和重点 Difficulty Points

1. 兼语句 2

兼语句中会出现两个主语、两个动词。出现在前面的动词一般是使令动词，如“让”“使”“叫”“请”等。出现在后面的动词是具体的行为动作，这个行为动作的执行者是兼语句中的第二个主语。在本册第七课中已经简单介绍了兼语句的特点，这一课中将对兼语句的动词进行扩充。例句如下：

贝贝请大家吃饭。

田老师叫汤姆去图书馆。

提醒学生注意兼语句和连动句的区别。兼语句中一定会出现两个主语，而连动句则只有一个主语。如：

贝贝的爸爸打算下班回家请贝贝和朋友们去饭馆吃烤鸭。（兼语句）

贝贝的爸爸打算下班回家去饭馆吃烤鸭。（连动句）

2. 为了……

在复句中，“为了”是连词，作用在于引导表示目的的分句。如：

为了取得好成绩，贝贝经常练习英语。

为了祝贺心爱得奖，爸妈请她吃饭。

五 文化知识 Culture Highlights

中国的菜系

中国的不同地域有不同的饮食习惯和烹饪特色，共有八大菜系，它们是：鲁菜、苏菜、川菜、粤菜、浙菜、闽菜、湘菜、徽菜。每一个菜系都独具特色。比如：鲁菜味厚，苏菜清淡，川菜麻辣，粤菜精细，浙菜鲜嫩，闽菜甜香，湘菜辛辣，徽菜咸鲜。

教学提示

教师可以提供八大菜系最具代表性的菜品图片，配合菜名进行讲解。也可以利用介绍中国饮食的视频进行教学。

六 一课一测 Assessment

（一）听力 Listening

听句子，选择正确的图片。

1. A （ ） B （ ）

2. A （ ） B （ ）

3. A （ ） B （ ）

（二）阅读 Reading

选择和图对应的句子。

1. 

A 妈妈正要下班。
B 妈妈正在买东西。
C 妈妈正在开会。

2. 

A 我们今天吃面条儿。
B 请看我们的菜，火山飞雪，西红柿上放白糖。
C 请看我们的菜，有牛奶饼干，还有巧克力。

3. 

A 来，我们看会儿电视吧。
B 来，我们看看去哪个饭馆吃饭。
C 来，我们看看冰箱里有什么吃的。

（三）书写 Writing

1. 排序成句。

（1）请客　明天　我　晚上。

______________________________。

（2）可以　您　要　菜　一些　多。

______________________________。

2. 句中填字。

（1）（　）箱里有什么？

（2）我们又饿又（　）！

（四）会话　Speaking

1. 两人一组，说一说各自最喜欢吃的东西。
2. 配合图片介绍一种你最想品尝的中国菜。

“一课一测”参考答案

（一）听力

1.A　2.B　3.A

听力材料：

1. 请你们吃烤鸭或者吃川菜，你们可以选择。
2. 贝贝的妈妈正在开会，可能很晚回来。
3. 要多锻炼身体，少看电视。

（二）阅读

1.C　2.B　3.C

（三）书写

1. 排序成句。

（1）明天晚上我请客。

（2）您可以多要一些菜。

2. 句中填字。

（1）冰

（2）渴

第十二课　不会忘记你

一　课文背景　Text Background

田老师要搬家去上海，明年就不教这个班了。同学们打算送给田老师一些礼物，田老师希望以后和同学们多联系。

二　教学目标　Lesson Objectives

1. 学会与表达感受和心情相关的词语

名词：盒子、照片、玩具、女儿、心情、变化、礼貌、将来、电子邮件、地址、信封、初中、暑假（外）、明年（内）、信、文化（外）、茄子、封（外）

动词：搬、感兴趣、毕业、照相、想起（内）、熟悉、联系、放假

形容词：幸福（外）、难过、亲爱（的）（外）、合适

副词：越来越、全（外）

介词：对（3）

2. 掌握如下语言点，能够表达自己的心情，和他人告别：

（1）不再……了　　（2）越来越……　　（3）对……感兴趣

3. 学会汉字：情　文　化　爱　盒　幸　福

4. 了解文化知识：中国人送礼物的习俗

三　教学步骤与活动建议　Suggested Teaching Process & Activities

（一）教学内容导入（可参考如下方法导入）

1. 通过提问导入

可以根据课文内容，向学生提出一些相关问题，如“贝贝的盒子里是什么？”“同学们给田老师写了一封信，信里写着什么？”等，提起学生的兴趣，引入本课内容。

2. 通过介绍本课学习任务导入

向学生阐明本课的学习任务，尤其是表达自己的感情等交际任务。

3. 通过设置和田老师道别的场景导入

可以用模拟学生和田老师告别的场景作为切入点。说明田老师要搬家去上海了，同学们准备了礼物送给她。可以让学生讨论一下，如何用汉语告别，如何选择送给田老师的礼物。

（二）生词讲练

1. 领读生词

第一遍只读生词，第二遍和第三遍可以增加一个领读环节，将生词扩展成课文中的短语或句子，并注意纠正学生发音。

2. 词卡游戏

用卡片和图片带学生熟悉和练习生词（可参考附录《课堂活动方法》“词语的练习方法”中“图片 / 卡片法”）。

3. 抢牌游戏

先把生词做成扑克牌大小的卡片，一面写拼音，一面写汉字；把学生分成两个组，围成圆圈。所有的牌都拼音朝上，放在桌上或地上。教师说出某个生词，快速找到的人可以赢得卡片，拿到卡片最多的人或队获胜（方法见附录《课堂活动方法》）。

4. 猜词游戏

全班分两组，每组各选一名学生到前面，背对黑板，面向其他学生。教师在黑板上写一个生词，本组同学用解释或造句等各种方法，提示前面的同学，使他猜出老师写的生词。猜对的人得分，得分多的队获胜（方法见附录《课堂活动方法》）。

5. 快速找词

先把生词做成课本一样大小的卡片，上面只写汉字；贴在白板上，或是摆放在地上。教师选两位同学来竞赛，教师说出某个生词，最快找到的人可以赢得卡片继续留在游戏中。输者会失去找词的权利，但必须为下一轮的找词竞赛读词。最终拿到卡片最多的人获胜。

这个活动中赢者继续找词，输者需要读词。每一轮都这样进行，保证每个学生都有认读汉字的练习机会。同时卡片上不再出现拼音，提升学生无拼音认读汉字的能力。教师需要根据学生人数多预备一些卡片，卡片上可以写生词，也可以写生词组成的短语。

6. 选择礼物

教师事先准备好两组卡片，一组为人物，如“老师”“同学”“爷爷”“哥哥”

等；另一组为各种物品，如“蛋糕”“照片”“信”“书”等。学生分为两组，一组抽取人物名，另一组抽取物品名，自由组合，然后两人一组说出组合的句子，即“我们打算送给（某人）（某物）”，如“我们打算送给哥哥一本书”。

7. 听听写写 《活动手册》第 110 页

用听到的生词补充短文，帮助学生熟悉本课生词的读音和写法。

教师可以根据学生水平选择读一遍至三遍短文。在听写结束之后，教师可以带领学生们一起阅读短文，一是检查学生听写是否有误，二是帮助学生再一次熟悉听到的词语在上下文中的用法。此外，这一段是本课课文的概述，也可以作为学生们复述课文时的纲要和提示。

8. 看看连连 《活动手册》第 111 页

把所给生词及其拼音与相应的图片连起来，熟悉本课生词的读音、写法和在具体情境中的用法。

9. 读读连连 《活动手册》第 112 页

把本课所学的生词及其拼音与英文译意连起来。

在做“看看连连”和“读读连连”时，教师可以先请学生把生词和图片、英文连起来，然后再进行领读、请学生逐一朗读，进一步练习和巩固生词的读音。

（三）课文和语法讲练

1. 领读课文，注意纠正学生发音和语调，帮助学生理解课文故事。

2. 边听边看，让学生一边看课本上的图画，一边听录音。

3. 分角色朗读，帮助学生完全理解课文内容。

4. 看课文听录音，让学生一边看课文文本，一边听录音。

5. 表演、复述课文，帮助学生熟悉课文内容。教师可给予提示，如“田老师为什么不教大家了？”“大家为田老师准备了什么礼物？”等。

6. 听后重复，选择一些关键的句子给学生放录音，在学生们听过后要求他们重复所听到的句子。教师可以根据学生水平选择放一遍或是多遍录音。

7. 课文再现，让学生先分组练习，然后选择小组代表以表演形式再现课文内容。

8. 听句子，标一标，连一连 《活动手册》第 113 页

把听到的句子和相应的图片连起来。

教学提示　教师可以把这个练习与“听后重复”结合起来，在学生听完每个句子后进行重复。如果时间充裕，学生还可以根据图片和句子的顺序进行简单的复述。

9. 看图写句子 《活动手册》第 115 页

根据图片内容补全句子，理解和练习“对……感兴趣”这一句式的意义和用法。

10. 你问我答

练习“对……感兴趣”的句式。全班同学进行说句子接龙。一名同学用“你对什么感兴趣”来提问，下一名同学根据自己的兴趣来回答。能够正确回答的同学获得继续提问的资格，句子接龙继续。不能完成者则被淘汰，转由下一名同学回答。

11. 看看说说 《活动手册》第 115 页

根据图片内容和括号中的动词补全句子，理解和练习“不再……了”这一句式的意义和用法。

12. 说变化

练习和熟悉“越来越……”的意义和用法。教师提供反映变化的几组图片，学生分为两组，以抢答形式描述图中的变化，必须使用“越来越”。哪一组顺利抢答出更多的句子，即为优胜组。参考图片内容如下：

温度：10 度　　20 度　　30 度

气球：小号　　中号　　大号

水量：一杯水　　半杯水　　空杯子

树木的成长

教学提示　充分利用图片的视觉信息进行逻辑思维训练和看图说话活动。先分小组讨论图片反映的事物和变化，再进行竞赛。

13. 读问题，说答案 《活动手册》第 114 页

根据所给问题按照课文内容做出回答，帮助学生梳理和熟悉课文内容。

14. 看图讲故事 《活动手册》第 116 页

根据课文内容，把图片按照正确的顺序排列，并进行复述或表演，进一步熟悉课

文内容，掌握课文中涉及的交际任务。

教学提示

这个活动可以与前面的“表演、复述课文”结合起来。在刚开始学这一课时，学生可能由于不熟悉课文内容而对复述和表演感到困难。教师可以先让学生做“看图讲故事”这个活动，让学生理清课文中故事发生的顺序，然后让学生在图片的提示和帮助下进行复述，并分组按角色表演。教师还可以把这个活动全部安排成小组练习，如先分小组讨论图片顺序，图片所对应的课文内容，然后分小组汇报讨论结果。

（四）交际与综合运用

1. 情景表演

教师和学生模拟告别的场景，要求按照中国人的习俗进行道别，赠送礼物等。教师可以先给学生介绍并示范本课的文化知识内容，然后让学生分成三至四人的小组，自编对话，自设场景，并向全班展示。

2. 读读写写（2） 《活动手册》第 117 页

综合运用本课学过的生词和语法点，给一个难忘的人写一张卡片。

教学提示

教师可以把写作的任务留作家庭作业，然后让学生下一节课带到课堂上来。教师在布置任务前应给学生介绍一下写卡片的基本格式，要求学生按格式书写。此外，在课上，可要求学生向邻座的同学简单描述一下这个难忘的人，以及为什么使自己难忘，提高口语交际的能力。教师还可以选几个学生，或请学生自愿上台演讲。教师还可根据学生的水平要求他们尝试复述他人的故事。请注意：学生们难忘的人可能涉及个人隐私，教师如果想让班里学生互相分享，请征求学生们的意见。

（五）写汉字 《活动手册》第 117 页

教师还可以通过以下方法培养学生对汉字的亲切感，帮助学生提高汉字认读能力。

辨形识字

本课着重注意“情”字的竖心旁。可以准备一些带有竖心旁的字，配合图片让学生认读或猜读。如“怕、恨、慎、怡”等。

（六）《活动手册》参考答案

听听写写

明年 搬 封 全 照片 女儿 玩具 电子邮件 联系

看看连连

照相 茄子

礼貌 难过

幸福 毕业

盒子 信封

读读连连

culture recall; remind

mood familiar

summer vacation future

change junior high school

听句子，标一标，连一连

按照图片从上到下的顺序：

4. 来，我们一起照相吧！

3. 每个人都既聪明，又懂礼貌。

5. 请告诉我你的电子邮件地址。

2. 想起我们第一次见面，好像是昨天的事情。

1. 田老师家要搬到上海去。

读问题，说答案

是我们给田老师小女儿的礼物。

你们学的汉字越来越多，成绩越来越好，都既勇敢，又有礼貌。

我们去上海看您。

看图写句子

1. 汤姆对中国文化很感兴趣。

2. 李心爱对弹钢琴很感兴趣。

3. 林达对跳舞很感兴趣。

看看说说

2. 田老师不再教大家了。

3. 和子不再生病了。

看图讲故事

正确的顺序：C　B　D　A　E

四　教学难点和重点　Difficulty Points

越来越

“越来越”用来表示随着时间推移发生的变化，由于变化已经完成，句末常搭配“了”。如：

你的汉语越来越好了。

我越来越喜欢吃中国菜了。

教学提示

提醒学生注意“越来越”和“越……越”的区别。前者只是说明一种变化的情况，而后者则用来说明共同出现的两种变化情况，如：

天气越来越冷了。

天气越冷，越要坚持锻炼身体。

五　文化知识　Culture Highlights

中国人送礼物的习俗

中国人在节日、生日、婚礼或走亲访友时都会准备合适的礼物。传统的礼物有地方特产、工艺品、水果、糕点、生活用品等，近些年来，鲜花、饰品、小家电等也可以作为礼物。礼物的轻重根据双方的关系而定。中国人讲究“礼轻情意重”，意思是说送礼物最重要的是心意，而不是礼物本身是否贵重。在中国，送礼物的禁忌主要包括：不送钟（钟与终同音）、不送梨（梨与离同音）、不送伞（伞与散谐音）。

教师可以请学生对本国人送礼物的习俗和中国的习俗进行对比和讨论，找出异同，培养跨文化交际意识。

六 一课一测 Assessment

（一）听力 Listening

听句子，选择正确的图片。

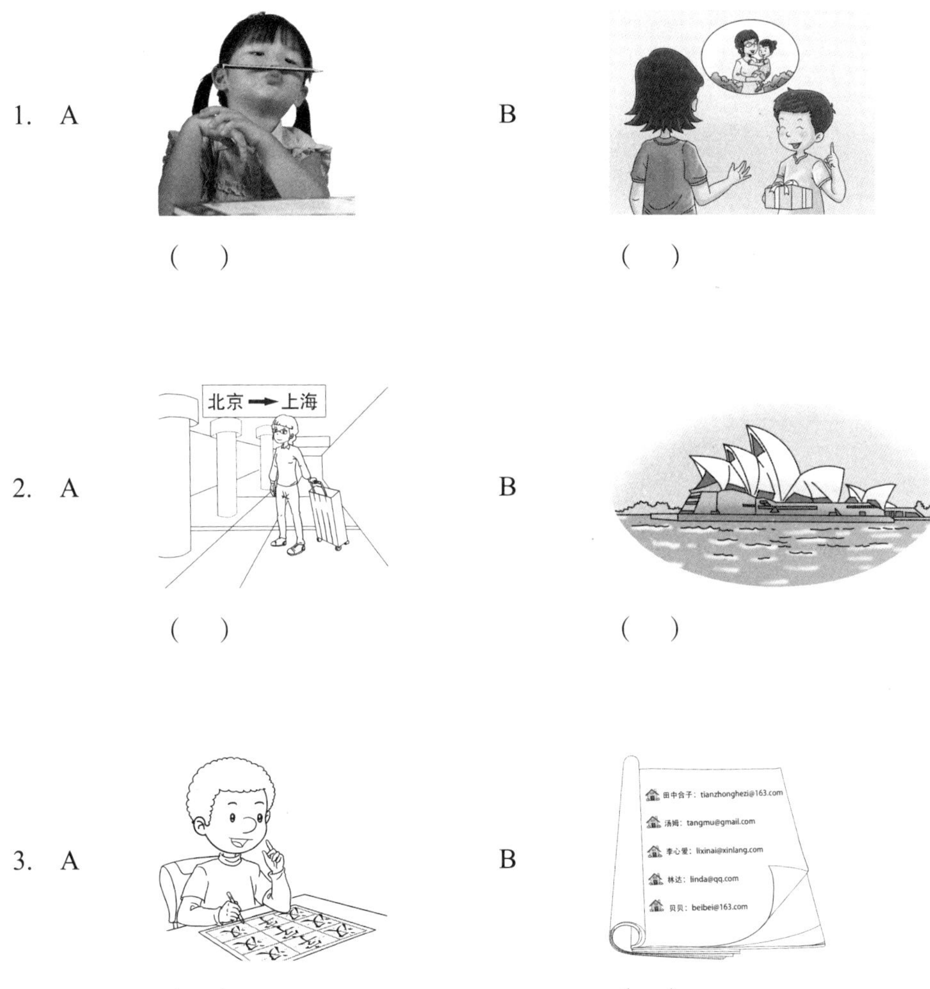

( ) ( )

（二）阅读 Reading

选择和图对应的句子。

1. 

A 我高兴的是明年我不能和大家在一起学习了。
B 我难过的是你们的成绩越来越好了。
C 我难过的是明年我不能和大家一起学习了。

2. 

A 我们不再喜欢汉字了。
B 我们不再讨厌汉字了。
C 我们不再讨厌唱歌了。

3. 

A 来，我们一起唱歌吧。
B 来，我们一起跳舞吧。
C 来，我们一起照相吧。

（三）书写 Writing

1. 排序成句。

（1）的 心情 我 又 高兴 既 难过。

________________________________。

（2）感兴趣 我们 文化 中国 对 越 来 越 了。

________________________________。

2. 句中填字。

（1）亲（ ）的田老师，这是我们写给您的信。

（2）祝您越来越年轻，越来越幸（ ）！

（四）会话 Speaking

1. 两人一组，说一说各自收到过的最好的礼物。

2. 说一说中国人送礼物的禁忌。

“一课一测”参考答案

（一）听力

1.B　2.A　3.B

听力材料：

1. 我们打算送给田老师的女儿一个小玩具。

2. 田老师要搬家到上海。

3. 请大家写下电子邮件地址，我们以后多联系。

（二）阅读

1.C　2.B　3.C

（三）书写

1. 排序成句。

（1）我的心情既高兴又难过。

（2）我们对中国文化越来越感兴趣了。

2. 句中填字。

（1）爱

（2）福

附录

课堂活动方法 *

词语的练习方法

词语的练习方法很多，为方便教学，这里提供一些易于课堂操作的方法，供教师参考。这些方法归纳为三大类：图片 / 卡片法、动作法和归类法。其中归类法适用于词语的综合复习。

一、图片 / 卡片法

图片 / 卡片法是利用图片或卡片，通过视觉与听觉的作用来练习词语的方法。图片 / 卡片法不仅适用于名词、动词、形容词等词的练习，也适用于词语的搭配练习，如动作性动词与宾语、数量词与名词的搭配练习，例如“踢足球”“一本书”。在词语学习的各个阶段都可以使用图片 / 卡片法。图片或卡片可以手工制作，也可以用 PowerPoint 制作成幻灯片。

下面提供一些利用图片或卡片练习词语的方法。每个活动名称后面都有一个概括该活动特点的标签，比如通过什么方法来练习词语，适用于词语学习的什么阶段，以便教师根据教学需要选择。

1. 师生对抗赛——视、听、重复；熟悉、记忆词语阶段及巩固、复习词语阶段

（1）活动特点：

此活动通过视觉与听觉，将词语与所对应的事物建立直接的联系，学生在重复中熟悉词语，进而记住词语。此活动特别适用于帮助学生熟悉与记忆词语阶段，也适用于词语巩固、复习阶段，但在操作上稍有所不同，详见下面的“小贴士”。

（2）活动准备：

教师准备要让学生练习的词语图片，也可用 PowerPoint 制作成幻灯片来做练习。

（3）活动步骤：

A. 向学生出示一张图片，然后用汉语说一个词，可以是这张图片所对应的词语，也可以是与这张图片不对应的其他词语。比如出示饺子图片，可以说“饺子”，也可以说“面条”或“米饭”。

---

* 摘自《阳光汉语教师手册 3》，作者张燕岚。

B. 学生判断教师所说的词语是否是图片中的事物。如果教师说的是正确的，所有学生重复词语；如果教师说的是错误的，学生保持沉默。比如教师出示饺子图片时说“饺子”，学生就要重复一遍；如果教师说“面条”，学生保持沉默。

C. 如果教师所说的词语是错误的，而所有的学生都保持沉默，学生就得一分；如果学生中有重复教师所说的错误的词语的，教师就得一分。

（4）小贴士：

A. 在熟悉与记忆词语阶段，教师出示图片时所说的词语最好大部分是正确的，可以偶尔故意说错个别词语，这样做的目的是通过重复帮助学生加深对词语的印象。根据学生情况，教师可重复出示已出示过的图片，并且在不同时间出示同一图片时可用正、误不同的词语，直到学生牢牢记住该词语。比如第一次出示图片时如果教师说的是错误的词语，第二次出示时可说正确的词语，以帮助学生记住正确的表达；如果第一次出示时教师说的是正确的词语，第二次出示时可说错误的词语，以检查学生是否记住词语了。经过这样反复练习，学生对词语的印象就会很深。

B. 在巩固与复习词语阶段，教师出示图片时可多说错误的词语，特别是用发音相近、词义相近或相反的词语，以检查学生对词语的掌握程度。例如出示鞋的图片，说“写”；出示一个很胖的人的图片，说“瘦”。

2. 猜猜少了什么——视、强化记忆；熟悉、记忆词语阶段及巩固、复习词语阶段

（1）活动特点：

此活动是通过让学生在一定时间内快速记忆一定的词语来强化词语在学生大脑中的印象，而教师则可以通过抽走的图片或卡片来帮助学生记忆需要记住的词语，或检查学生是否已掌握了某些词语。

此活动可以采用图片也可以采用词语卡片，但如果学生对词语记得还不牢固时，看到图片可能不知道中文怎么说，这对学生来说前者比后者的难度可能要大些，所以在熟悉、记忆词语阶段教师可采用词语卡片来做练习，而在词语的巩固、复习阶段可采用图片来做练习。

（2）活动准备：

教师准备要让学生练习的词语的图片或把词语写在卡片上，每张卡片写一个词语。也可用 PowerPoint 制作成幻灯片来做练习。

（3）活动步骤：

A. 每次可以选四张图片或卡片举起来，让学生看几秒钟，并记住这些图片所对应的词语或卡片上的词语，然后教师把这四张图片或卡片收起，打乱顺序并从中间抽走一张。注意不要让学生看到所抽走的是什么图片或卡片。

B. 把剩下的三张图片或卡片再举起来给学生看，让学生猜抽走的是什么。

C. 可给予最先说对的学生小奖励。

（3）小贴士：

A. 抽走的图片或词语卡片可以是学生需要记住的词语或教师要检查的词语。

B. 如果用 PowerPoint 把图片或词语卡片制作成幻灯片，每组可多放一些图片或词语卡片，这对学生来说很有挑战性，可增强活动的趣味性。

3. 抢拍图片——视、听、比赛；巩固、复习词语阶段

（1）活动特点：

要求学生将所听到的词语快速与所对应的事物联系在一起，可帮助学生熟练掌握所学的词语，一般适用于词语的巩固、复习阶段。

（2）活动准备：

A. 准备要让学生练习的词语的图片，并将图片贴在黑板上。

B. 准备两把可以拍打图片的拍子。

（3）活动步骤：

A. 把学生分成两组，并让他们到教室前面各站一队，然后把两把拍子分别交给每队队首学生。

B. 教师说一个词，拿着拍子的两名学生要在黑板上迅速找到并拍打与教师所说的词对应的图片。先拍中的学生就为其所在组得一分。然后学生传递拍子，继续活动。

C. 最后得分多的组获胜，可给予小奖励。

（3）小贴士：

A. 为增加活动的难度，可同时说两个词语，如“蛋糕和面包”。

B. 根据情况，可在每组或每几组做完练习后调换黑板上的图片顺序。因为如果学生记住了图片的顺序，活动就没有趣味了。

4. 找字组词——视、组合；巩固、复习词语阶段

（1）活动特点：

学生将拆开的词语重新组合在一起，帮助学生熟练掌握及复习所学的词语，一般适用于词语的巩固、复习阶段。

（2）活动准备：

把要让学生练习的每个词语按音节拆开，把每个音节分别写在一张卡片上。如果所练习的是词语搭配，如动作性动词与宾语的搭配或数量词与名词的搭配，教师要把这些词语分别写在一张卡片上。例如“打”与“篮球”、“一件”与“衣服”。

（3）活动步骤：

A. 让每个学生抽一张卡片。

B. 如果教师所选的是双音节词语，学生要找到能与自己的卡片拼成词语的另一张卡片，然后两个学生一起把卡片交还给教师。例如一个学生手中的卡片是“唱”，另一个学生手中的卡片是“歌”，两个学生的卡片可以组成“唱歌”。

C. 教师可给予最先组成词语的学生小奖励。

二、动作法

动作法是将词语与动作结合起来练习词语的方法。动作法不仅适用于动词及动宾短语的练习，也适用于有些名词，如方位词、身体部位词的练习。动作法在词语学习的各个阶段都可以使用。

用动作法练习词语通常有两种形式：一是“我说你做”，就是一人发指令，其他人做动作。二是“我做你说”，就是一人做动作，其他人用一个词语来描述这个动作或这个动作所指代的事物或现象。如果用动作指代某种事物或现象，双方需要在活动前达成“共识”，说明用什么动作指代什么。比如两臂上举、左右摆动，表示“刮风”。“我说你做”也可以采用“西蒙说”这个游戏的形式，以增强活动的趣味性。

下面提供两种通过动作来练习词语的方法。每个活动名称后面都有一个概括该活动特点的标签，供教师根据教学需要选择。

1.“西蒙说”（我说你做）——听、做；熟悉、记忆词语阶段及巩固、复习词语阶段

（1）活动特点：

将听与做相结合帮助学生熟练掌握所学词语，适用于词语学习的各个阶段，但在熟悉与记忆词语阶段，着重点在于帮助学生熟悉、记忆生词。此活动可简化为教师只是下指令，而去掉“西蒙说”这一环节。

（2）活动步骤：

A. 活动开始前，可先带领学生一边说所要练习的词语一边做动作，帮助学生熟悉词语。

B. 根据学生人数，让全班学生或每次选几名学生到教室前面。教师说指令，如果指令中有“西蒙说”，学生要迅速做出相应的动作；如果指令中没有“西蒙说”，学生则保持不动。比如教师说“西蒙说，游泳”，学生要做出游泳的动作；如果教师只说“游泳”，学生则保持不动。

C. 做错的学生淘汰，坚持到最后的学生获胜。

（3）小贴士：

A. 可以让一名学生来发指令，而“西蒙说”则可变为“……（该学生名字）说”。可以指定这名学生发几个指令，指令发完后，获胜的学生可在下一组练习中发指令，

但要用不同的词语发指令。

B. 此活动不仅可以用于练习动词及动宾短语，如“跑步”“打篮球”，也可用于练习方位词、身体部位词等名词。比如学生听到“头”就指头；听到“左”就伸出左手。

2. 我做你说——做、说；熟悉、记忆词语阶段及巩固、复习词语阶段

（1）活动特点：

此活动是将做与说相结合来帮助学生熟练掌握所学词语。它适用于词语学习的熟悉与记忆阶段，也适用于词语学习的巩固、复习阶段。

（2）活动准备：

教师把要练习的词语写在纸条上，每张纸条上写一个词语，然后把纸条折好，字要在里面。

（3）活动步骤：

A. 在活动开始前，教师可先带领学生一边说所要练习的词语一边做动作，以帮助学生熟悉词语。

B. 教师叫一名学生到教室前面抽一张纸条，这名学生要根据纸条上的词语做动作，其他学生用一个词语来描述这个动作。例如纸条上的词是“写”，这个学生可以做写字的动作，其他学生则要说“写”。

C. 教师可让最先说对的学生在下一组练习中抽纸条、做动作。注意：学生抽过的纸条，教师不要放回去，以免学生再次抽到同样的纸条而重复做动作，从而使活动失去趣味。

（4）小贴士：

A. 在词语学习的熟悉与记忆阶段，此活动可由教师做动作，因为如果学生对词语还不太熟悉，看懂纸条上的指令可能会有一定的难度。在词语学习的巩固、复习阶段，因为学生对词语已熟悉了，所以可由学生做动作。

B. 练习方位词、身体部位词所做的动作参照“西蒙说”活动中的小贴士。

三、词语的综合复习方法——归类法

当学生学完一本书的时候，可能已学了上百个甚至几百个词语，如何帮助学生复习如此多的词语呢？教师可以对词语进行归类，将相关的一类词语一起进行复习。这样可以帮助学生将已学过的词语梳理成清晰的脉络，便于查漏补缺。根据教学需要，可有按主题、按词性等不同的归类方法。按主题归类，如时间、称谓、食品、水果、饮料、颜色、服饰、学习用品、动物、身体部位、交通工具、处所、方位、季节、天气、运动等。按词性归类，如名词、动词、形容词、量词等。比如学生在不同的课中已学

习了一系列意义相反的形容词，教师可以将这些词语提出来，集中进行练习。下面提供几种利用归类法综合复习词语的方法。每个活动名称后面都有一个概括该活动特点的标签，供教师根据教学需要来选择。

1. 同类词语排队——同主题词语排成一队

（1）活动特点：

通过让学生根据主题对词语进行归类来帮助学生复习学过的词语。包含两个环节：第一个环节是所拿词语卡片属于同一主题的学生排成一队；第二个环节是学生站好队后，检查其他队中有没有站错队的学生。在第一个环节，学生往往关注自己所站队的一类词语，而第二个环节则是为了帮助学生复习其他类别的词语，以全面复习所学词语。

（2）活动准备：

A. 将所要复习的词语按主题进行归类，除本书中新学的词语外，根据需要可加入以前学过的词语。把每个词语分别写在卡片上，相同类别词语的卡片放在一起。

B. 准备与学生排队队数相应的数字卡片。比如每次活动学生要排四队，教师就准备从“1”到“4”的数字卡片，一张卡片写一个数字。

（3）活动步骤：

A. 在每次的活动练习中，教师选出三四类词语，根据学生人数每类再选出一些词语卡片。卡片数与学生人数相同。

B. 在选出的三四类词语卡片中各抽出一张，然后分发给三四名学生。学生举起各自的卡片，在教室前面并排站立，作为每类词语的队首。

C. 将选出的剩下的词语卡片打乱顺序，字朝下放，让其他学生各抽一张。

D. 下令排队，学生判断所拿的卡片上的词语跟哪个队首词语属于同一主题，然后迅速站到那个队中。

E. 学生站好队后，站在队首的学生就举手，教师按站好队的先后顺序，分别发给他们写有“1”“2”“3”“4”的数字卡片。队首学生把数字卡片举在胸前。

F. 按队首学生所举的数字先后顺序，各队学生依次读出自己所拿卡片上的词语。“1”队学生读完后，其他队学生和教师检查该队有没有站错队的学生。站错队的学生单站一队。依此类推。

G. 站错队的学生重新站队，找到正确的队伍。

H. 给先站好队，且没有错误的小组小奖励。

（4）小贴士：

A. 抽出的、作为队首的词语最好是新学的词语。词语放在队首的位置加以突出、强调，达到帮助学生巩固新学词语的目的。

B. 如有的类别词语较多，教师可将它们分次进行练习。

2. 找不同——找非同类词语

（1）活动特点：

此活动是将词语按主题或词性进行分类，每类中插入一个不属于此类别的词语，学生要找出这个非同类词语，以此帮助学生复习所学过的词语。

（2）活动准备：

教师将所要复习的词语按主题或词性进行分类，然后每个类别选五六个词语作为一组，写在一张纸上，其中插入一个非此类别的词语。比如在食品类词语中插入一个饮料类词语；在动作性动词中插入一个名词。教师也可用 PowerPoint 制作成幻灯片的形式来做练习。

（3）活动步骤：

A. 教师把学生分为两组。

B. 教师每次出示一组词语，学生要快速找出这组中与其他词语不是一类的词语。

C. 两组学生中最先说对的学生为其所在的组得一分。最后得分多的组获胜。

（4）小贴士：

学生找出每组中的非同类词语后，教师可让其说出原因。

3. 词语联想——总结同一类别的词语

（1）活动特点：

此活动将词语进行分类，引导学生总结属于同一类别的一系列词语，以此来帮助学生巩固所学过的词语。

（2）活动准备：

教师将所要复习的词语按主题进行归类，每类列出学生所学过的词语。

（3）活动步骤：

A. 教师把学生分为三四人一组。教师每次说出某个类别中的一个词语，每组学生要在教师规定的时间内一起写出与这个词语属于同类别的其他词语。比如教师说“面条”，学生可以写“饺子、蛋糕、面包”等食品类词语。

B. 时间到，各组停笔。各组汇总他们所写的词语，并算出词语总数，然后各组选一名学生读出他们所写出的词语，并报出词语总数。

C. 词语说得最多且正确的小组获胜，教师可给予小奖励。

（4）小贴士：

A. 教师所说的某个类别中的一个词语最好选本书中学生新学的词语，以突出该词语达到帮助学生巩固词语的目的。

B. 如果学生所想出的某类词语不多，教师可以通过提示的方法，引导他们想出所忘记的词语。

4. 翻牌说词语——说反义形容词或数量短语

（1）活动特点：

学生通过已知词语信息，按要求说出相关的另一个词语。此活动可用于帮助学生复习已学过的一系列意义相反的形容词或量词。

（2）活动准备：

A. 如果活动是帮助学生复习具有相反意义的形容词，教师列出学生已学过的这些反义词组，如“热——冷、快——慢、远——近”，然后把每个词分别写在一张卡片上。如果活动是帮助学生复习量词，教师列出这些量词及能与之搭配的名词，如“个——面包、西瓜、苹果；斤——菜、西瓜、苹果；杯——果汁、茶、牛奶；条——裤子、裙子；件——衣服；双——鞋；本——书”。注意：一个量词可以对应多个名词，一个名词也可对应多个量词。教师把每个词分别写在一张卡片上。

B. 教师为上面的每张词语卡片准备一张数字编号卡片，按“1”“2”“3”……从小到大的顺序写。注意：写有数字的卡片要能盖住词语卡片。

C. 教师把所要练习的词语卡片贴在黑板上，然后分别在每张卡片上贴上数字编号。注意：词语不要露出来。如果黑板贴不下所有的词语卡片，教师可将它们分次贴在黑板上进行练习。

（3）活动步骤：

A. 教师把学生分为两组。每次各组各叫一名学生进行抢答。在第一组抢答的学生中教师可指定其中一名学生选黑板上的一个编号，然后教师打开编号，露出词。如果活动是复习具有相反意义的形容词，学生要说出该词的反义词。如果活动是复习量词，学生要根据黑板上的量词或名词说出一个数量短语。比如词是“条”，学生可以说“一条裤子”，也可以说“一条裙子”；词是“苹果”，学生可以说“一个苹果”，也可以说“一斤苹果”。

B. 最先说对的学生为其所在的组得一分。作为奖励，教师可让该学生所在组的下一名学生在下一组练习中选黑板上的编号。注意：学生所选编号不能重复前面学生已选过的编号。

C. 最后得分多的组获胜。

课堂活动中学生的分组方法

在课堂活动中很多活动是需要把学生分成小组进行的。教师可以按学生的座位进行分组，也可以根据学生的情况，把学习程度好的和学习有困难的学生组成“互助合作组”。除此之外，还有一些方法可以在分组的过程中帮助学生复习所学过的词语、调节课堂气氛、集中学生注意力等。另外，有些活动的分组还有一些其他要求，如需要把学生分成两大比赛组、需要确定小组练习的先后顺序、需要更换小组同伴等。这就需要教师根据不同情况采用不同的分组方法，而有效的分组方法也有助于活动的进行。下面所提供的一些分组方法供教师参考。

下面每个分组方法后面都有一个概括该方法特点的标签，可供教师根据需要来选择。本书很多活动都是以双人小组形式进行的，下面所有的方法都适用于双人分组，但有些方法也适用于多人组的分组，为区别这两种不同的小组形式，下面用标签分别标注。

在下面这些方法中有些需要学生抽一张纸条或卡片，然后按要求找到能和自己的纸条或卡片相配的同伴，教师需要限定一个时间，比如一分钟，学生要在规定的时间内迅速找到自己的小组活动同伴。

一、固定的小组

1. 按颜色分组——多人组、双人组

（1）分组准备：

教师准备一些彩色的物品，如彩色夹子、彩色曲别针、彩色纸条，然后放到一个盒子里。教师要把学生分成几人一组，每个颜色的物品就准备几个。例如活动需要两个学生一组，每个颜色的物品教师就准备两个。

（2）分组方法：

教师让每个学生从盒子中拿一个彩色物品，拿到相同颜色物品的学生为一组。

2. 按词语类别分组——多人组、双人组、可复习词语

（1）分组准备：

教师可按主题把学生已学过的词语进行分类，如食品、水果、饮料、方位、处所、季节、天气、服饰、学习用品、颜色、动物、交通工具、运动、身体部位等。教师要把学生分成几人一组，每类就选几个词语，然后把每个词语分别写在一张纸条上，折好，字不要露出来，再把这些纸条放到一个盒子里。

（2）分组方法：

教师让每个学生从盒子中拿一张纸条，拿到的纸条是同类词语的学生为一组。例如：拿到“饺子”和“面条”、“裙子”和“裤子”的学生分别为一组。

（3）小贴士：

此分组方法可以帮助学生复习所学过的生词，比如刚刚学过天气、服饰、颜色类词语，教师就可把这几类词语选入分组的词语类别。

3. 报数分组——多人组、双人组、分两大组比赛

（1）分组方法：

教师确定活动中每组需要多少名学生，然后用学生总人数除以小组人数，得到倍数，让学生由 1 报到这个倍数。比如，活动需要 4 人一组，学生总人数是 12，教师就让学生由 1 至 3 报数。学生报完数后，报相同数字的学生为一组。如果活动需要把学生分为两大组，教师只需让学生以“1”“2”的形式报数。

（2）小贴士：

此分组方法可帮助教师快速分组，但适用于学生总人数刚好是小组人数的倍数。如果活动是两名学生一组，而学生人数是单数，教师可加入到学生中一起参与活动。

4. 按相同答案分组——多人组、双人组、可确定小组练习的先后顺序、分两大组比赛

（1）分组准备：

教师准备一些纸条，张数与学生人数相同。教师在每张纸条上写一道简单的加、减、乘、除数学题。活动中需要几个人一组，就有几道数学题的答案相同。比如，活动中需要两个人一组，教师要准备有相同答案的数学题各两道。例如“1+2”与“5–2”。写完后，教师把纸条折好，字不要露出来，然后放到一个盒子里。

（2）分组方法：

教师让每个学生从盒子中拿一张纸条。纸条上的数学题答案相同的学生为一组。

（3）小贴士：

A. 因为此分组方法需要学生用数学知识，且需要动一下脑筋，所以当学生学习感到疲劳、注意力不集中时，这种让学生转换一下脑筋的方法可以帮助他们头脑清醒、注意力集中起来。

B. 如果活动需要确定小组做练习的先后顺序，教师可以让学生根据手中数学题的答案从小到大的顺序来做练习。

C. 如果活动是把全体学生分成两个大组进行比赛，每次在两组中各选一名学生做练习，教师在准备工作中可把有相同答案的两道数学题分别放在两个盒子中。活动开始时，教师先把坐在教室左半部分与右半部分的学生各分为一组，然后两组学生分别在两个盒子中各抽一张纸条。纸条上数学题答案相同的学生一起做练习。做练习的顺序参考上面的小贴士。

5. 组词分组——双人组、可复习词语

（1）分组准备：

教师选取一些学生已学过的双音节词语，然后按音节把词语拆开，分别写在一张

纸条上。例如把“面包”拆成“面”和“包”；把“果汁”拆成“果”和“汁”。教师把这些纸条折好，字不要露出来，然后放到一个盒子里。

（2）分组方法：

教师让每个学生从盒子中拿一张纸条。拿到的纸条可以拼成一个词语的学生为一组。

（3）小贴士：

此分组方法一般适用于双人小组的分组，但多人小组的分组也可采用此法，教师要根据小组成员数选取相应音节的词语。但因学生所学过的双音节以上的词语不是很多，所以教师可选的词语有限，又因双音节以上的词语组词对学生来说难度稍大一些，分组所用的时间也就相对多一些，所以是否采用此法来对多人小组进行分组，教师要视情况而定。

6. 配对分组——双人组、可复习词语、分两大组比赛

（1）分组准备：

教师准备两组卡片：图片与对应的词语卡片或汉语词语卡片与对应的英译卡片。比如：苹果图片与写有“苹果”的词语卡片，或写有“苹果”的词语卡片与写有“apple”的英文卡片。教师把这些卡片有图或有文字的一面朝下放到一个盒子里，不要让学生看到卡片内容。

（2）分组方法：

教师让每个学生从盒子中拿一张卡片。拿到的图片与词语卡片，或汉语词语卡片与对应的英译卡片相配的学生为一组。

（3）小贴士：

A. 此分组方法可以帮助学生复习所学过的词语。

B. 如果活动是把全体学生分成两个大组进行比赛，每次在两组中各选一名学生做练习，教师可把持图片与词语卡片的学生或持汉语词语卡片与对应的英译卡片的学生各归为一组，然后手中的卡片能配成对的学生一起做练习。

7. 按相同数字分组——双人组、可确定小组练习的先后顺序、分两大组比赛

（1）分组准备：

教师准备一些纸条，张数与学生人数相同。如果学生人数是单数，要准备“学生人数 +1”张纸条。教师在每张纸条上按“1、2、3、4……”数字从小到大的顺序写一个数字，每个数字要分别写在两张纸条上，数字数是学生人数的一半。比如，学生人数是 10 人，纸条上的数字就是从 1 到 5。如果学生人数是单数，数字数是“（学生人数 +1）/2”。教师把纸条折好，字不要露出来，然后放到一个盒子里。

（2）分组方法：

教师让每个学生从盒子中拿一张纸条。拿到的纸条上的数字相同的学生为一组，如都拿到“1”的学生为一组。如果学生人数是单数，教师可加入到学生中一起参与活动。

（3）小贴士：

A. 此分组方法一般适用于两名学生为一组做练习，而且可以按学生手中纸条上的数字从小到大的顺序来作为小组做练习的顺序。例如拿“1”号的两名学生先做练习，然后是拿“2”号的两名学生，依此类推。

B. 如果活动是把全体学生分成两个大组进行比赛，每次在两组中各选一名学生做练习，教师在准备工作中可把数字纸条分成两个相同的组，每组都是“1、2、3、4……”的顺序，然后分别放在两个盒子中。活动开始时，教师先把坐在教室左半部分与右半部分的学生各分为一组，然后两组学生分别在两个盒子中各抽一张纸条。纸条上的数字相同的学生一起做练习。做练习的顺序参考上面的小贴士。

二、流动的小组——重组小组同伴

有时活动需要学生重新组合，与不同的同伴进行对话练习。下面两个方法是通过学生队形的变化来实现小组重组的，供教师参考。

1. 移动的圆圈

重组方法：

教师让学生按“1 、2”的顺序报数。报“1”的学生站成一圈，为外圈。报“2”的学生在外圈里面站一圈，为内圈。内、外圈的学生面对面一一站立。学生跟面对自己的学生进行对话练习。一个对话做完后，教师指定其中一圈的学生，如外圈学生都向右移动一个位置，这样每位学生就面对一个新的同伴了。如此下去，学生就可以跟不同的同伴进行练习了。

2. 移动的矩形方阵

重组方法：

教师让学生按“1 、2”的顺序报数。报“1”“2”的学生分别站成一列，组成一个矩形方阵。教师可让 1 列学生为一组，2 列学生为二组。教师确定每组的队首和队尾，然后让两列学生面对面站立，也就是每名学生都面对另一组的一名学生。面对面的学生就可以进行对话练习了。一个对话做完后，教师让二组队首学生站到一组队首，其他学生相应移动一个位置，一组队尾学生要站到二组队尾。这样每个学生就面对一个新的同伴了。

课堂教学中的策略

一、奖励学生的方式

在课堂活动中常常需要教师给予学生一定的奖励，以激发学生学习与参与活动的积极性。但如果不管什么活动，教师总是采用同一种奖励方式，学生可能就会对此失去兴趣，所以这就需要教师根据学生与活动特点而采用相应不同的奖励方式。下面提供一些奖励方式，供教师参考。本书将这些奖励方式分为口头奖励、物品奖励和无形奖励三种。

（一）口头奖励

口头奖励就是教师口头表扬学生，这是一种随时随地都可使用的简便、易行的奖励方式，但口头奖励并不只是用“很好”这样的言辞来表扬学生，实际上具体的表扬比简单的“很好”更有效。比如当教师要表扬分角色表演最好的一组学生时可这样表扬，“……说得很流利”“……用了很多本课新学的词”“……没有说错一个词”。此外，当教师用“很好”表扬学生时还可以边说边竖起大拇指，这样表扬更有力。

（二）物品奖励

物品奖励可以是贴纸、糖果等。教师可以在每次课堂活动中奖励学生贴纸，而在每周结束课前还可让学生各自数一下在一周内一共获得了多少贴纸。教师可给获得贴纸最多的前两三名学生以“周冠军”“周亚军”“周季军”的称号，教师还可给他们另外的嘉奖。学生为获得此殊荣，会努力多获得贴纸，也就会积极参与课堂活动。

（三）无形奖励

无形奖励是非口头和物品奖励，比如把学生的名字张贴在光荣榜上，在活动中教师委任学生一些权利、担当“领导”或协助教师做一些事情，这些对学生来说都是一种荣耀，等同于奖励。无形奖励可以有如下几种：

1. 分数奖励与“光荣榜”

教师可制作一个学生积分表格。在课堂活动中学生如回答正确，教师就在积分表格上加一分。教师可每周统计一次，选出分数最多的前三名学生，把他们的名字张贴在学习努力的“光荣榜”上。当学生看到每周自己或其他学生进步的足迹时可以激发他们更加努力学习。

2. 执行指令权

在某个活动中如果需要有个人发指令，教师可把这个发令权交给要给予奖励的学生。

3. 发问权

在某个活动中如果需要有个人提问题，教师可把这个发问权交给要给予奖励的学生。

4. 担当某个责任

教师可让要给予奖励的学生在活动中担当某个责任，如担当某种“领导”或协助教师做一些事情。比如在某个小组活动中需要一名学生作为组长，教师可让在上一活动中获胜的学生在下一活动中担当组长。协助教师做的事情可以是在活动中担当计数或计分工作、帮助教师张贴、分发、收回活动材料或活动物品等。

二、叫学生回答问题的策略

教师在叫学生回答问题时可能会遇到这样的问题：先叫谁？后叫谁？如何叫一个学生回答问题时，其他学生包括已回答过问题的学生，都保持注意力？下面提供几种方法供教师参考。

（一）在问答练习中使所有学生都保持注意力的方法

“随机”抽名字

教师把每个学生的名字分别写在一张小纸条上，然后把纸条折好，字在里面，纸条外面按“1、2、3、4……”数字从小到大的顺序写一个数字，然后放进一个盒子里。课堂上教师随机抽一张写有学生名字的纸条，纸条上写着谁的名字谁就要回答教师的问题。学生回答后教师再把学生名字纸条放回去，然后再抽另一张纸条，下一个学生回答问题。学生以为教师是随机抽名字的，所以不敢走神。实际上，教师可通过纸条外面的编号来掌控叫谁回答问题。教师在抽学生名字纸条时需注意以下两点：

（1）要让所有的学生都有练习的机会。

（2）偶尔抽一张已回答过问题的学生名字纸条，以确保每个学生在整个活动中都在认真参与。

（二）让所有学生都积极回答问题的方法

起立——坐下法

活动开始前教师叫全班学生都站起来，然后谁回答完问题，谁坐下。先回答完的先坐下，后回答完的后坐下，这样学生会积极回答问题，因为谁也不愿意是最后一个还站着的学生。

（三）确定学生做问答练习先后顺序的方法

数字法

教师准备与学生人数相同的数字纸条。按“1、2、3、4……”数字从小到大的顺序写，每张纸条上写一个数字。写好后教师把纸条折好，字在里面，不要露出来，然后把纸条放进一个盒子里。课堂上教师让每个学生从盒子中抽一张纸条。学生按纸条上数字从小到大的顺序做问答练习。

三、唤起与集中学生注意力的方法

（一）唤起全班学生注意力的方法

在课堂教学中教师可能会遇到这样的问题：当上课铃已响，教师可能会发现学生们还在津津有味地聊着天，而丝毫没有注意教师的存在，或当某项活动已结束，学生们却还沉浸在那项活动之中而兴高采烈地谈论着，教师则很难组织学生进行下一项活动。当遇到诸如上述问题时，教师该如何唤起学生的注意力，而使课堂教学正常进行呢？下面提供几种方法供教师参考。

1. 拍手与说提示语

当正式上课时间已到或某项活动要进行时，而课堂还没有安静下来，教师如果只是用语言来提醒学生停止交谈，往往会很难奏效，因为教师的声音可能会淹没在学生的说话声中。这时如果教师边拍手边说“上课了”或“安静”，则会很容易引起学生的注意，尤其是如果形成习惯，学生一看到教师拍手，马上就会安静下来。

2. 打手势与数数

使课堂安静下来，除了上述方法外，教师还可以举起一只手，以引起学生注意，然后从一到三数数，边数边打手势。具体来说，就是数“一”“二”“三”时举起的手分别伸出一个、两个、三个手指，表示数字“一”“二”“三”。当数到“三”时学生要全部安静下来，并停止手中所做的事，否则会被判“犯规”。这需要教师从一开始就要让学生懂得“游戏规则”，以形成习惯。数数时教师需要注意以下几点：

A. 数“一”时教师可把声音拉长些，以便引起学生们的注意。

B. 当看到大部分学生已安静下来，教师就开始数“二”，而声音随着学生们的安静程度可长可短。当看到还有一些学生没有安静下来，教师就故意拖长“二”的声音，等待他们安静。

C. 当教师数“二”的声音已拖长了几秒，如果还有个别学生在说话或没有停下手中的事，教师可停顿片刻，这沉默的几秒是在提醒学生这是“最后的通牒”，然后教师再数“三”。教师数“三”的声音长短同数“二”一样，依学生情况而定。

3. 与一名准备好了的学生开始活动

当要进行某项活动时，而学生们还未安静下来，教师可以环顾一下教室，找到已做好活动准备的学生，然后请他跟教师一起开始下一项活动，比如回答教师的问题、与教师做对话表演等。这一举动是在提醒其他学生下一项活动已开始，要做好准备，可能下一个回答问题的就是他自己。

（二）集中个别学生注意力的方法

在课堂活动中，有时在一个学生回答问题或做课堂练习时，教师可能会发现有个别学生在开小差或与旁边的学生小声聊天，这时就需要教师采取一些针对个别学生的方法，使他们专注于正在进行的课堂活动。下面提供几种方法供教师参考。本书将这些方法分为信号法与活动直接参与法两大类。

1. 信号法

信号法就是教师发出有声或无声信号来暗示、提醒学生，要专注于课堂活动。

（1）发“嘘”声信号

在课堂上，当有个别学生与旁边的学生小声聊天时，教师可以竖起食指，放在嘴唇下边，对聊天的学生发出“嘘”的声音，以提醒学生要安静。当学生们知道这是提醒安静的信号时，有时其他学生也会像教师那样发“嘘”声来提醒聊天的学生。当同时有几个学生都在发出这个“嘘”的信号时，聊天的学生自然就不好意思再聊了。

使用这种方法时，教师只需发出信号，而不必说话，而且也不必中断课堂活动。这样也不会影响其他学生。

（2）发无声的暗示信号

当个别学生聊天或做与教学无关的事情时，教师还可以无声信号来暗示学生。比如，前面提到的发“嘘”声信号，教师也可改为发无声信号，也就是教师走到聊天的学生旁边，只把食指竖在嘴唇下边，而不发声，以此来提醒他们，此外，教师也可站在学生旁边，还可轻敲一下儿学生的课桌，学生便会心领神会。对于好面子的学生，教师就可采用这种暗示的方法。

2. 活动直接参与法

活动直接参与法就是教师通过给聊天或做其他事情的学生一个直接参与课堂活动的机会，而把他们的注意力引回到课堂活动中来。

（1）叫学生回答问题

当教师发现某个学生注意力不集中时，可以叫那个学生回答问题，以此来集中学生的注意力。

（2）给学生一个任务

教师也可以给注意力不集中的学生一个活动中的任务，因为是亲身直接参与活动，学生就无法再开小差了。如果活动中需要有人计数或计分、需要有人做动作（其他学生来描述动作）等，教师就可以把这样的任务交给开小差的学生。教师还可以让学生帮助教师擦黑板、张贴活动材料、分发或收回活动用品等。这里提到的某些任务，如担当计数、计分、分发材料等工作也可作为奖励学生的一种方法。可见学生是很乐于做这样的事情的，所以会有助于他们积极参与活动。

（三）集中小组学生注意力的方法

1. 提醒教师要检查

课堂活动中也常常需要学生以小组为单位进行活动，比如两、三人一组的会话练习，但教师在巡视时也会发现有些小组的学生会利用这个机会在一起聊天或做与课堂活动无关的事。这时教师可以提醒这个小组教师要在两分钟后检查他们。这会使聊天儿的学生感到时间紧迫，所以就会按要求做课堂练习。

2. 提醒活动的结束时间

一般小组活动也是有时间限制的，时间到时教师要检查活动结果。除了上面的方法外，教师也可提醒没有做课堂活动的小组还有多长时间活动就要结束了，比如告诉他们活动的时间只有三分钟了，学生就会马上把注意力转移到教师所布置的任务中来了。

词 表

拼音	汉字	所在单元
A		
āyí	阿姨	5
ā	啊	4
ǎi	矮	6
ānjìng	安静	6
ānquán	安全	5
B		
bān	搬	12
bànfǎ	办法	2
bàozhǐ	报纸	10
běifāng	北方	4
bèi	被	9
bǐsài	比赛	8
bìxū	必须	10
bìyè	毕业	12
biànhuà	变化	12
biǎoyǎn	表演	6
biérén	别人	5
bīngjīlíng	冰激凌	11
bīngxiāng	冰箱	11
bǐnggān	饼干	11
búdàn… érqiě…	不但…… 而且……	2
C		
cāi	猜	2
cānguān	参观	5
cānjiā	参加	10
cǎodì	草地	6
céng	层	10
Chángchéng	长城	3
cháng	尝	11
chāoshì	超市	3
chéngjì	成绩	11
chóngzi	虫子	6
chūfā	出发	5
chūzhōng	初中	12
chúle	除了	3
chuānghu	窗户	9
chuáng	床（内）	3
chūnjì	春季	4
cídiǎn	词典	3
cōngming	聪明	2
cóng	从	4
cuò	错	8
D		
dǎrǎo	打扰	7
dǎsǎo	打扫	2
dǎsuàn	打算	4
dǎzhēn	打针	6
dàgài	大概	9

拼音	汉字	所在单元
dàhǎi	大海	4
dàjiā	大家	1
dàxiàng	大象	6
dài	带	5
dài	戴	3
dānxīn	担心	11
dàochù	到处	3
de	地	10
děng	等	7
dìtiě	地铁	5
dìtú	地图	4
dìzhǐ	地址	12
diàndēng	电灯	3
diàntī	电梯	10
diànzǐ yóujiàn	电子邮件	12
dōng	东	4
dōng	冬	4
dùzi	肚子	9
duǎn	短	6
duànliàn	锻炼	10
duì	对（3）	12
duōme	多么	6
E		
érzi	儿子	10
F		
fāshāo	发烧	9
fāngbiàn	方便	5
fàng	放	3
fàngjià	放假	12
fēicháng	非常	8

拼音	汉字	所在单元
fúwùyuán	服务员	11
fùjìn	附近	10
fùxí	复习	7
G		
gānjìng	干净	3
gǎn	敢	5
gǎnxìngqù	感兴趣	12
gāngcái	刚才	9
gàosù	告诉	8
gèng	更	5
gōngzuò	工作	10
gōngjīn	公斤	3
gōnglǐ	公里	3
gōngyuán	公园	6
gōngfu	功夫	10
gòu	够	11
guà	挂	8
guānyú	关于	4
guì	贵	5
guójiā	国家	4
H		
hā	哈（外）	1
háishì	还是	4
háizi	孩子	9
hàipà	害怕	9
hánjià	寒假	11
hǎoxiàng	好像（内）	6
hàomǎ	号码	5
héshì	合适	1
hézi	盒子	12

拼音	汉字	所在单元
húdié	蝴蝶	6
hùxiāng	互相	7
hùshi	护士	3
huā	花	5
huàn	换	5
huǒchē	火车	4
huòzhě	或者	8
J		
jí	极	8
jìde	记得	3
jì… yòu…	既…… 又……	5
jiā	加	8
jiānchí	坚持	10
jiǎn	减	8
jiànmiàn	见面	5
jiànkāng	健康	10
jiānglái	将来	12
jiǎng	讲	8
jiāo	教	1
jiē	接	11
jiémù	节目	6
jiérì	节日	6
jièshào	介绍	1
jiè	借	7
jǐnzhāng	紧张	10
jīngcháng	经常	3
jǐngchá	警察	5
jiù	旧	8
jùzi	句子	8

拼音	汉字	所在单元
juédìng	决定	5
K		
kāihuì	开会	11
kāishǐ	开始	8
kǎoshì	考试	2
kǎoyā	烤鸭	11
kěnéng	可能	11
kě	渴	11
kè	刻	10
kōngtiáo	空调	3
kuàizi	筷子	11
L		
là	辣	11
láidejí	来得及	5
lǎo	老	10
lí	离	5
líkāi	离开	3
lí	梨（外）	6
lǐmào	礼貌	12
lìhai	厉害	9
liǎ	俩	1
liánxì	联系	12
liǎn	脸	10
liànxí	练习	2
liángkuài	凉快	4
liàng	辆	5
liáotiānr	聊天儿	2
línjū	邻居	10
lìngwài	另外	2
liúhàn	流汗	4

拼音	汉字	所在单元
lóu	楼	10
lǚyóu	旅游	4
M		
mǎhu	马虎	3
mǎshàng	马上	7
ménkǒu	门口（内）	5
mílù	迷路	5
míngbai	明白	8
N		
nán	南	4
nánguò	难过	12
niánqīng	年轻	10
nuǎnhuo	暖和	4
nǚ'ér	女儿	12
P		
páshān	爬山	10
páiduì	排队	8
páiqiú	排球	2
pánzi	盘子	6
piányi	便宜	5
pīngpāngqiú	乒乓球	2
pò	破	9
pútao	葡萄	6
Q		
qítā	其他	3
qíguài	奇怪	6
qímǎ	骑马	2
qǐlái	起来	6
qiáo	桥（外）	6
qiǎokèlì	巧克力	6
qīngchǔ	清楚	3
qíng	晴	6
qiū	秋	4
R		
ránhòu	然后	7
rènzhēn	认真	7
róngyì	容易	8
rúguǒ… nàme…	如果…… 那么……	9
S		
sànbù	散步	10
shāfā	沙发	3
shàngbān	上班	10
Shànghǎi	上海（外）	1
shēnghuó	生活	10
shēngqì	生气	9
shēngyīn	声音	6
shǒubiǎo	手表	3
shòubùliǎo	受不了	4
shòupiàoyuán	售票员	5
shūshu	叔叔	5
shúxi	熟悉	12
shǔjià	暑假（外）	12
shuāyá	刷牙	10
shuāng	双	11
suīrán	虽然	1
sūnzi	孙子	10
T		
tán gāngqín	弹钢琴	2
tāng	汤	1

拼音	汉字	所在单元
táng	糖	6
tǎng	躺	3
táo	桃（外）	6
tǎolùn	讨论	8
tǎoyàn	讨厌	2
tèbié	特别	10
tǐyùguǎn	体育馆	7
tián	甜	6
tiáo	条（3）	5
tīngshuō	听说（内）	6
tíng	停	10
tóngyì	同意	6
tūrán	突然	6
túshūguǎn	图书馆	7
tùzi	兔子	6
tuǐ	腿	5
tuō	脱	3
W		
wánjù	玩具	12
wàn	万	3
wǎngqiú	网球	2
wàngjì	忘记	1
wēixiǎn	危险	10
wèile	为了	11
wúlùn	无论（外）	10
X		
xī	西	4
xīhóngshì	西红柿	11
xīwàng	希望	1
xíguàn	习惯	10

拼音	汉字	所在单元
xǐshǒujiān	洗手间	3
xià	夏	4
xiān	先	1
xiǎng	响	11
xiàng	向	4
xiǎoxīn	小心	9
xiàoyuán	校园	9
xīnqíng	心情	12
xīnwén	新闻	10
xìnfēng	信封	12
xīngxīng	星星	4
xíng	行	6
xǐng	醒	9
xìngfú	幸福（外）	11
xuǎnzé	选择	5
Y		
yǎnjìng	眼镜	3
yángròu	羊肉	11
yàoshi	钥匙	3
yè	页	7
yìbiān… yìbiān…	一边…… 一边……	6
yìdiǎnr	一点儿（3）	5
yídìng	一定	4
yígòng	一共	8
yíhuìr	一会儿	7
yíxià	一下	1
yíyàng	一样	2
yìzhí	一直	4
yǐjīng	已经	11

拼音	汉字	所在单元
yǐqián	以前	6
yǐwéi	以为	9
yǐnliào	饮料	11
yīnggāi	应该	9
yǒnggǎn	勇敢	9
yòng	用	8
yóuxì	游戏	2
yǒumíng	有名	10
yuán	元	5
yuán	圆	4
yuèláiyuè	越来越	12
yún	云	6
Z		
zázhì	杂志	10
zhàn	站	10
zhāng	张	8
zhàogù	照顾	11
zhàopiàn	照片	12
zhàoxiàng	照相	12
zhe	着	3
zhèngzài	正在	7
zhīshi	知识	4
zhǐyào	只要	3
zhōngjiān	中间	8
zhǒng	种	5
zhòngyào	重要	6
zhōumò	周末	10
zhù	住	10
zhùyì	注意	5
zhùhè	祝贺	10
zhǔnbèi	准备	8
zhǔnshí	准时	5
zuìjìn	最近	7
zuòyè	作业（3）	2

注：本词表对应《阳光汉语课本》4A、4B 最后的词表。汉字后括号内的数字“3”显示该词在 YCT 大纲中的级别；“外”表示该词为 YCT 大纲以外的词汇；“内”表示一个词的构成语素是 YCT 大纲所要求的词汇，比如“门”和“口”是 YCT 大纲内的词汇，那么“门口”我们也算作 YCT 大纲内的词汇；没有特别标注的词均为 YCT 四级词。